JN136516

大学における
〈学問・教育・表現の自由〉
を問う

寄川条路 編

小林　節
丹羽　徹　著
志田陽子
太期宗平

法律文化社

まえがき

　大学当局が教授に無断で授業を録音し、無断録音を告発した教授を解雇した「明治学院大学事件」。学問の自由、教育の自由、表現の自由の根幹を揺るがした「日本の大学界の病弊を象徴する大事件」をめぐり、2018年6月、東京地方裁判所は、大学当局による教授の解雇は無効である、との判決を下した。

　訴えによると、明治学院大学は2016年10月、授業を盗聴され秘密録音されたことを告発した、教養教育センターの教授を懲戒解雇していた。大学の組織的な盗聴行為を告発して解雇されたのは、教養科目の倫理学を担当する教授で、同大学の教職員が授業を盗聴して秘密録音し、授業の録音テープを本人に無断で使用していた。

　大学当局によれば、明治学院大学では、慣例として授業の盗聴が行われており、今回の秘密録音も大学組織を守るために行ったとのこと。また、同大学では、大学の権威やキリスト教主義を批判しないように、授業で使用する教科書を検閲したり、教材プリントを事前にチェックして配付を禁止したりしていた。さらに、学生の答案用紙を抜き取って検閲したり、インターネット上の書き込みを調査したりしていた。

　2016年10月、解雇された教授が東京地方裁判所に労働審判の申立を行ったところ、裁判所は解雇を無効として、同教授を復職させるよう明治学院大学を説得したが、大学側が拒否したため訴訟に移行していた。訴訟では、授業を秘密録音して教員を解雇した「目黒高校事件」と同様、学問の自由、教育の自由、表現の自由をめぐって、裁判で争われた。

　2018年4月、東京地方裁判所は、明治学院大学に対し、解雇の撤回と無断録音の謝罪を提案したが、大学側がこの提案を拒否したため和解は実現しなかった。そのため、裁判所は2018年6月28日、解雇について、合理的な理由も社会的な相当性もないため、解雇権を濫用した無効なものと判断した。

　ここで、事件の経緯を時系列で整理しておく。

2015年 4月：大学当局が教授に無断で授業を盗聴して録音。
2015年12月：授業で大学を批判したとして教授を厳重注意。

2015年12月：授業を無断録音された教授が大学当局を告発。
2016年10月：大学当局は告発した教授を懲戒解雇。
2016年10月：解雇された教授が地位確認の労働審判を申立。
2016年12月：裁判所は解雇を無効として教授の復職を提案。和解は不成立。
2016年12月：解雇された教授が地位確認の訴えを提起。
2018年 4月：裁判所は解雇の撤回と無断録音の謝罪を提案。和解は不成立。
2018年 6月：裁判所は解雇について無効であると判決。

　事件が報じられたとき、本件は、「リベラルな大学」での特異な出来事と受け止められたが、実際のところは、現在の日本の大学界に広く蔓延している病状の一例である。明治学院大学のように授業の盗聴や録音を無断で行っている大学もあれば、授業の撮影や録画を無断で行っている大学もある。このような日本の大学の現状を知ってもらうためにも、本書を公刊することにした。
　本書には、裁判所に提出された法学者の意見書と、それを受けて裁判所が下した判決書が収められている。憲法に詳しい小林節氏は「学問の自由」という観点から、教育法に詳しい丹羽徹氏は「教育の自由」という観点から、言論法に詳しい志田陽子氏は「表現の自由」という観点から、それぞれ意見書を作成している。判決文は、裁判所の承諾を得たうえで公表し、担当弁護士の太期宗平氏が解説を加えている。
　あくまでも本書は、事件の概要、裁判所への意見書、判決文と解説を収めた「明治学院大学事件」の実録であるが、日本の大学界全体の教訓として必要不可欠なものであるとの指摘を受けて、ここに裁判記録を公刊するものである。日本の大学の現状を知って、そこから、「学問・教育・表見の自由」を問うことにしたい。
　なお、本書は、大学における「学問・教育・表見の自由」を問うシリーズ本の第1弾であり、「明治学院大学事件」の裁判記録である。続いて、第2弾として、法学者、教育学者、倫理学者など、大学関係者による論説集が予定されている。詳細については、編者の寄川条路（yorikawa@gmail.com）まで、お問い合わせいただきたい。

編　者

目　　次

　まえがき

序　　章　盗聴される授業、解雇される教員………寄川条路　1

第1章　学問の自由、大学の自治、信教の自由……小林　節　3

第2章　私立大学における教育の自由……………丹羽　徹　6

第3章　懲戒における適正手続の
　　　　観点から見た解雇の有効性…………志田陽子　24

第4章　「明治学院大学事件」判決の主文…東京地方裁判所　85

第5章　「明治学院大学事件」判決の解説………太期宗平　86

終　　章　「明治学院大学事件」についての
　　　　よくある質問Q&A……………………寄川条路　89

　あとがき

序　章

盗聴される授業、解雇される教員

寄川条路

　相手に知られることなく無断で会話や電話を録音する「秘密録音」が社会に急速に広がっている。「クローズアップ現代」（NHK）で特集された「広がる〈秘密録音〉社会」が、いまでは会社や家庭を超えて学校にまで入ってきた。

　大学の授業も例外ではない。熱心な学生が復習のために授業を録音するのではない。休んだ学生のために録音するのでもない。そうではなく、教授が何を話しているのかをチェックするために、大学が授業を録音するのだ。

　大学では、教室にこっそり忍び込んで、学生に気づかれないように授業を録音して、教員を処分するための証拠に仕立て上げる。録音資料は本人のいないところで使用し、だれが録音したのかはわからないように隠しとおす。

　先生たちは、自分の授業が録音され、ほかの先生たちに聞かれているのではないかと、おびえながら授業を進めていく。教員同士の信頼関係はくずれ、そこに学生たちも巻き込まれていく。

　2015年、特定秘密保護法に反対して声を上げた学生たちがいた。安全保障法案に反対して国会を包囲した学生たちがいた。SEALDs が誕生した、まさに同じ大学で、授業が盗聴され、録音資料が使い回されている。

　大学の講義を盗聴しても、秘密録音しても、録音テープをかってに使用しても、何とも思わない大学教授の集団が、体制に順応し、組織を守り、規則に従い、国家に奉仕する、そうした模範的な青年を作り上げていく。

　標的とされるのはまずは思想系の教員で、哲学や倫理学を担当する教員が大学から排除される。空いたポストに実務経験者が学長推薦で採用され、就職のための教育を施す。

　職業教育に馴らされた学生たちは、飼育されて去勢され、りっぱな大人となって社会へ送り出されていく。異様な光景を見た若い先生は別の大学に移っていき、ベテランの先生はうつ病で辞めていく。こころの病で休んでいる先生

は大学にも多い。

　かつて、授業の盗聴をめぐって裁判があった。録音資料をもとに教員を解雇した学校は違法ではないと主張し、解雇された教員は違法だと主張した。裁判所の判決は、教員の同意なく授業を録音することは適切な手段ではなく、そのようなことをすれば、「教育の自由の空気」が失われ、「教員の授業における自由および自主性」も損なわれるから、不当な支配に当たるというものだった。

　まっとうな判決だが、ことは法律の問題だけではないだろう。

　授業を盗聴しても秘密録音しても、録音資料を無断で使用しても、まったくかまわないと開き直る大学人もいる。だが、信頼関係を確立すべき教育の場では、授業を隠れて録音するようなことはやめるべきだ。

　いつだれがどこで自分の声を録音しているのかわからない。大学のキャンパスからは、雑談や世間話をする声が消えてしまった。教室とは盗聴とか秘密録音とかをするところではなく、安心して教員と学生が自由に議論のできる場でなければならない。

第1章

学問の自由、大学の自治、信教の自由

小林　節

1　学問の自由と大学の自治

　憲法23条は学問の自由を保障しているが、その条文が当然に大学の自治をも保障しているという理解は、自由と民主主義を前提とする国々の憲法常識である。

　学問の自由は、全ての人間に保障された基本的人権である。それは、この世に生起するあらゆる事象について、その因果関係を発見したいという思いと行動の自由である。その自由は、研究の対象・方法の選択およびその成果についての表現・教授の自由を包含している。

　人間は皆、それぞれに幸福になりたいと願って生きている。だから、幸福をもたらす因果関係を発見してそれを重ねて行きたいし、逆に、不幸をもたらす因果関係を発見してそれは避けたいものである。このような意味での学問の自由は、人間であれば誰れにでも保障されている。

　しかし、文明の高度化に伴い、学問も、高度の訓練を受けた専門家がそれぞれの分野で地平線を押し拡げて行く時代圏に入って久しい。

　歴史が示しているように、古来、絶対的権力者は、自己の幸福の増進のみを求め、実は国民大衆の幸福など顧みないものであった。その際、絶対的権力者は、学問的良心に基づき権力者の政策を批判する学者を好まず、時に弾圧さえした。同時に、学問的良心を売って権力に阿る「学者」（？）を権力は好み、庇護・重用した。そのために、学問的良心に生きる真の学者が世俗の権力から身を護りながら純粋に学問に邁進できる砦の如き場として大学制度が発達した。

　そして、それこそが人類の文明と幸福の増進に寄与してきたことは、歴史が証明している。

そのような大学制度は、イタリアで始まり、フランス、イギリスで発展し、アメリカで完成し、それがわが国にも導入されて来た。

それによれば、大学教授の身分は、同業者（学者集団）である教授団（教授会）から認定され、法と道徳に反しない限り、教授団によっても奪えないものであるのみならず、その地位は、学外の政治権力も経済権力も宗教権力も介入して奪うことができないものである。

2　今回の明治学院大学の事例の特異性

今回の事例は、構図が少々特異である。

それは、寄川教授の学問の自由を、大学の事務局、教授団、理事会（経営者）が侵害したという事例である。ここで言う寄川教授の「学問の自由」は、教授としての自由、つまり、大学教授として担当することを契約した科目に関する限り、教育・研究の「内容・方法・対象（学生を含む）」を選ぶ自由および教授（表現）の自由の総体である。

一般論として、それが担当科目と関連がある内容だと認められる限り、その教授が選択した教育内容には他の誰もが介入すべきではない。にもかかわらず、大学の管理当局、その指揮下にある事務職員、同僚教授が、寄川教授の教材を調べるとか、テスト用紙上の文言を調べるとか、講義の内容を録音・調査するとか、教室の定員を遙かに下回る人数に制限するとか、などの事実が、まず論外である。

これらが、学問の自由の侵害であることは明らかであるが、刑法上の不法侵入罪、業務妨害罪、民法上の不法行為を構成するのではあるまいか？

なお、試験用紙に特定の教授の氏名を記したことは、事実経緯に照らした合理的推論の結果であり、名誉毀損に当たらないことは明らかであろう。

また、「第1週のオリエンテイションであるから「講義」の内ではない」などという屁理屈を大学人が言ったとは俄には信じ難い。第1週の講義は、手続上は未だ履修を決めていない学生たちに対して各教授が自己の「学問」のエッセンスを語る場で、紛れもなく講義の最も重要な一部分である。

また、教授の講義に対する学生の「人気」は、学問の価値にとって本質的なものではない。己れの学問的良心と歴史の評価のみを拠り所とすべき教授自身

は、本来、学生による人気など（もちろん不人気も）気にすべきではない。しかし、学問的に未熟な学生たちの知的好奇心は、理論上は学生の側の「学問の自由」であり、大学管理当局としては最大限に尊重すべきものである。だから、施設に余裕があり学生の希望があるにもかかわらず、履修者数に不合理な人数制限を課すなどということは、大学人自身による同僚と学生の学問の自由に対する侵害以外の何ものでもなく、大学の自己否定である。もちろん、これも民法上の不法行為であろう。

また、「その教授が大学管理当局に批判的だから処分した」などという発想自体が、学問の自由と大学の自治を弁えない大学人（？）の誤った権力的発想である。相互批判の自由がない大学など大学の資格がないのではなかろうか。

さらに、特定のキリスト教教派が設立母体である大学において、教団の教義に批判的な教授だから処分するという発想も、大学の自治に加えて宗教結社の自由（信教の自由の効果）を履き違えたものである。つまり、教派内の聖書学校でなら、それは、信教の自由の一環としての教義の自由、宗教結社の自由（組織内秩序維持権）の効果として許されるであろう。しかし、ある教団が、その博愛的な教義と資金力に基づき大学を設立した場合、それは、それが国の認可により「大学」になった瞬間から、そこで教義教育を押しつけることは禁じられるはずである。なぜなら、そこは「大学」であって「教会」ではないからである。これも憲法常識である。

3　結　論

以上、明治学院大学は、学問の自由と大学の自治の意味、さらに、信教の自由（の限界）を弁えず、寄川条路教授の授業を妨害し、身分を奪い、同時に、学生たちの学問の自由をも侵害したと評価せざるを得ない。

明治学院が今でも「大学」であるという自覚を持っているのであれば、まず、自分たちの大学人としての良心を回復して、同教授と学生たちに謝罪し、損害を賠償し、同教授の復職を求めるべきである。

その方法は、判決で国家から命じられる（つまり最悪の事態に至る）前に、和解という形式で良心的に処理されることが望ましい。

第2章

私立大学における教育の自由

丹羽　徹

1　はじめに

　本意見書は、私立大学における教育活動に基づく懲戒処分の違法性を、学問の自由の一内容をなす「教育の自由」の観点から示そうとするものである。具体的には、本件において、講義内容をその懲戒処分の直接的あるいは間接的理由としており、そのことが教育研究者である大学教員に保障された「教育の自由」の限界を超えていないことを示すものである。

2　学問の自由と大学

　日本国憲法は第23条で「学問の自由は、これを保障する」と明文で「学問の自由」を保障している。戦前の大日本帝国憲法にはこのような規定は置かれなかったのであるが、現行憲法においては、戦前、学問の自由が踏みにじられ、国家権力によって大学が動員されたことへの反省のもとに、明文化されたものである。
　その内容として一般的には、①学問研究の自由、②学問研究成果の発表の自由、③大学における教授の自由、および④大学の自治を内実とするものとして理解されている（たとえば、長谷部恭男編『注釈日本国憲法（2）』（有斐閣、2017年）485頁（長谷部執筆））。
　ところでこのような側面を持った学問の自由は、どのように保障されるようになったのか、あるいは、なぜ欧米諸国で学問の自由が保障されるようになったのか、それはどのような内実を持つものであったのか、振り返っておく必要がある。けだし、その射程範囲を明確にすることは、本裁判の原告がその地位にある私立大学の教員の教授（教育）の自由を含む学問の自由が保障される範

囲を明確にすることとなるからである。

　2006年の教育基本法は、1947年教育基本法にはその条文が置かれなかった「私立学校」と「大学」の規定を置いた。つまり、「(第1項)大学は、学術の中心として、高い教養と専門的能力を培うとともに、深く真理を探究して新たな知見を創造し、これらの成果を広く社会に提供することにより、社会の発展に寄与するものとする。(第2項)大学については、自主性、自律性その他の大学における教育及び研究の特性が尊重されなければならない。」(7条)、「私立学校の有する公の性質及び学校教育において果たす重要な役割にかんがみ、国及び地方公共団体は、その自主性を尊重しつつ、助成その他の適当な方法によって私立学校教育の振興に努めなければならない。」(8条)とされている。

　7条1項では「学術の中心として、高い教養と専門的能力を培う」「深く真理を探究する」ことが大学における教育研究活動の目的であり、これらを実現するために、「大学の自治」という文言は使われていないが、2項で言うところの「自主性、自律性」には「自治」が含意されている。また私立学校も公の性質を持つものであり、公教育の重要な部分を占め(とくに大学教育では大学生の約4分の3が私立大学に在籍している)、他方で「自主性の尊重」が定められており、私立学校の建学の理念に基づく多様性の確保(私学の自由)の中で公共性を担うものとして私立学校が位置付けられる。

　したがって、私立大学は、建学の理念に基づいて設置された自由を持つ一方で、他方で、「大学の自治」を持ちながら、「学術の中心として」「深く真理を探究する」ためにそこに属する教育研究者の「学問の自由」が保障されるものとして位置付けられることになる。

　ところで憲法が保障する「学問の自由」は、国民の基本的人権としてすべての者に保障される。そうであれば、他の基本的人権である思想・良心の自由(憲法19条)や表現の自由(21条)とは別に23条に学問の自由が保障される意味はどこにあるのか。

　このことについては、高柳信一が1983年に出版した『学問の自由』(岩波書店)が原理的・歴史的な分析を踏まえ詳細に検討しているので、それに依拠しながら、そもそも「学問の自由」がなぜ保障されなければならないのかについてみておこう。

　教育基本法も定めた大学の機能としての「深く真理を探究する」ことについ

て、高柳はまず、市民としての自由が保障されることだけで学問の自由が保障されるか、という点について疑問を呈する。すなわち、まずもって「真理探究の自由が確保されるためには、研究者たる個人が、思想・良心・宗教の自由、言論・出版の自由をはじめとする、もろもろの市民的自由を広汎かつ十分に保障されることを必要とする」としつつ、「研究者個人の前述のような市民的自由を保障すれば、それで、社会ないし国家として、学問研究の自由を保障したことになるのか」という。それに対して、近代市民社会において専門職としての研究者が登場したという事実を挙げながら、「近代市民社会においては、学問研究が、研究手段から切り離された研究者によって、一の専門職能（profession）として行われるという事実に着目しなければならない。確かに、われわれは、だれでも、好む主題について、好む方法で、自由に研究できる。そこに制約はなく、国民はすべてこのような自由を保障されている。しかし、人が自分の家で（或いはどこででも）、好きな研究を行い、やりたい実験をやり、世に残したい理論を欲するままに著述刊行し、その自由が十分に保障されていたとしても、それだけで学問研究の自由が保障されたことにはならないのである。」（同書61頁）として、市民的自由を超える別の自由が保障されなければならなくなったことを示す。

そして、専門職としての教育研究者は、他に生活の手段を持って自由な研究を行うのではなく、その専門職で生活の糧を得ることを特徴とするのであるから、生活の糧を得るために、雇われる。そうであるがゆえに使用者によって研究内容が制限を受けることになってしまうと、学問の自由は保障されたことにならない。したがって、使用者との関係で特別に「学問の自由」が保障されることには重要な意味がある。高柳はそのことを、次のように述べる。少し長くなるが引用しておこう。

> 「それらの人々〔専門職としての教員研究者－引用者〕は、研究する前に、まず生きていかなければならない。人間は（論理的には）、まず、生きる条件が与えられていて、つぎに、研究することができる。それでは、前述の研究する人々は、どうやって生存を得ているのであろうか。第一には、かれらはサラリーマンとして、商店主として、または農民として生活資料を得ているという場合があろう。端的にいえば、この場合は余技としての研究ということになる。他に本職をもち、かれの社会的分業において果たすべき主たる役割が別にあって、その余暇に、余力をもって学問研究を行っているのである。

このような研究も研究たる点において、他の種類の人による研究と相違はなく、その尊重されるべきこと、その自由を保障されるべきことについて、なんら特別の問題はない。ただ、何人も認めざるをえないことは、研究対象がますます複雑化し、研究方法がいよいよ精緻化する近代科学の時代にあっては、このような余技としての研究は、好むと好まざるとにかかわらず、例外となりつつあり、その学問研究全体において占める割合を減じつつあるということである。
　つまり、学問研究の量的・質的に最も重要な部分は、第二に、学問研究を主たる社会的使命とする研究者によって遂行されるのである。ところが、かれらは第一の範疇の研究者のように、他に生活の糧をもっているのではない。かれらの社会活動上のエネルギーは、大部分学問研究のために投ぜられる。したがって、かれらが生計を得る道は、ほかならぬ学問研究という社会的分業を通してでなければならないということになる。かれらは、ただ研究者として生きかつ研究しうるのでなければならず、かれらは、生活資料だけでなく、また研究手段をももたなければならないのである。ところが、研究者が研究手段を自ら所有するという事態は、近代資本制社会においては、きわめて稀にしか生じえない。研究者（或いは研究者たろうとする者）は、大部分の場合、生活手段と同時に研究手段から切り離されているのである。
　そこでこのような立場にある研究者（或いは研究者たろうとする者）が、本職の研究者としてやっていける道は、だれかが学問研究という機能に価値を認めて、かれらを雇い、かれらに生活資料を給し、かつ研究手段を供与して研究させるという社会制度が成立した場合、それを通してであるということになる。」(62-63頁)
　「教員研究者は他人の設置した教育研究機関に給料を得て雇われる使用人（employee）たる地位にあるということである。大学の設置者が国（地方公共団体を含む）である場合、教員研究者は当然に国家（地方）公務員たるの法的身分をもつ。しかし、公務員たる教員研究者も、他人の設置した教育研究機関において給料を支給されて雇用されているのであり、つまりは私立大学の教員研究者と同様に使用人たる地位にあるといってよい。ここで、本項のはじめに掲げた設問に帰るならば、このような使用人たる地位にある教員研究者が真理の探究に携わるに当たって、かれの個人としての市民的自由が保障されれば、それで真理の探究の自由は十分保障されたことになるかということが問題であるわけである。
　決してそうではない。ある者が、特定の目的を達するために、他人を雇って、その業務を遂行させる場合、後者の仕事のやり方が気に入らなければ、前者はこれを解雇して、自己の意図により沿う者をもって替えたいと思うに至るであろうが、かれがそうするについて結局のところ法的な障害はない。とすれば、他人に雇われて、使用人としての立場で教育研究を行う教員研究者には、真理の探究の自由はないといわなければならない。教員研究者の研究活動の結果たる思想・見解・学説等が雇主たる管理機関の気に入らないからと言って、教員研究者が簡単に首を馘られたのでは、かれはとうてい厳密な意味での真理の探究に従事することはできないからである。また、必ずしも、研究の結果についてだけ、使用者の業務に関する支配権が行使されるに止ま

るわけのものではない。かれは、使用人たる教員研究者に業務を遂行させるに当たって、業務の遂行についての基準を定め、方法を指示することもできるであろう。また、遂行の過程において具体的な指揮命令を下しうるであろう。これらの措置のどれも、教員研究者の教育研究の自由をなんらかの程度において侵害する。使用者がこれらのことを自由に行いうるならば、結局において、教員研究者の真理探究の自由は存在の余地がないのである。

　すなわち、以上によっていいうることは、教員研究者が使用人たる立場で真理の探究を行うという事態の下では——この事態は近代資本制社会においては構造的に必然化せしめられている——、かれらの個人としての市民的自由を保障しただけでは、真理探究の自由は保障されない、ということである。ここにもし真に真理探究の自由を保障しようとするのであれば、かれらに、そのような市民的自由のほかに、さらになんらか「特別の」真理探究の自由を保障しなければならないということになるのである。ただ、このような事態は、自由な学問研究に対する阻害的機能を常に現実に発揮するわけではない。」(63-64頁)

　「近代西欧の「大学」を典型例とする教育研究機関において、その設置者であり・しばしば同時にそこにおける教員研究者の使用者であるところの管理者乃至管理機関（国の教育行政当局、私的学校法人の理事会等）が市民法（公法・私法の両方を含む）上当然にもつところの設置管理者乃至使用者としての諸権能——職務（業務）命令権、監督権、懲戒権、免職処分（解雇）権等——を、教員研究者の真理探究営為と矛盾抵触する限りにおいて制限・排除することが、「大学」を最も普遍的な教育研究機関としてもつ近代市民社会における学問の自由保障の根幹とならなければならないということである。

　このことは、国公立大学（国等の公務員たる教員研究者）の場合でも、私立大学（私法人の使用人たる教員研究者）の場合でも、基本的には同じである。ただ、一般公務員関係と一般的私的雇用関係とでは現実の勤務上の権利義務関係に若干の相違があるので（それは、さらに国により時代によりことなる）、そのそれぞれに対する修正契機たる「真理探究の自由」の保障の内容も、国公立大学の場合と私立大学の場合とで、重点の置き方が違ってくる。」(65-66頁)

　このように、学問の自由は、一方で国家権力からの側面を持つと同時に、他方で、大学においては、広く管理者からの自由を含むものとして理解される。ここでは大学における学問の自由の位置づけと、それは国公立大学に限らず私立大学においても同様に保障されることを確認しておきたい。

3　学問の自由と大学の自治

　学問の自由がとりわけ大学において重要な位置を占めることを見てきたが、次に、一般的には学問の自由の一部を成すとされる「大学の自治」との関係を見ておきたい。「大学の自治」は憲法では明文で規定されたものではないが、学説上はすでにみたように学問の自由の一内容であり、さらに判例においても、何をもって自治の内容とするかについてはさまざまな議論があるが、一応、学問の自由から導き出されるものと理解されている。

　大学の自治についての著名な事件である東大ポポロ事件で最高裁は、「大学における学問の自由を保障するために、伝統的に大学の自治が認められている」、「大学の学問の自由と自治は、大学が学術の中心として深く真理を探究し、専門の学芸を教授研究することを本質とすることに基づく」、「この自治は、とくに大学の教授その他の研究者の人事に関して認められ、大学の学長、教授その他の研究者が大学の自主的判断に基づいて選任される。また、大学の施設と学生の管理についてもある程度で認められ、これらについてある程度で大学に自主的な秩序維持の権能が認められている」（最大判昭和38（1963）年5月22日刑集17巻4号370頁）と判示している。大学の自治は学問の自由を保障するためのものであること、研究者の人事を中心に施設等の管理の自主的な権能が認められることが、その内容と理解されている。

　ここに示されたように、そもそも大学の自治は、学問の自由の保障のためであるが、それはなぜか。学問の自由は、学問共同体の中での相互批判を含む自由な研究活動が保障されることによって実現できる。つまり学問共同体への権力的介入が行われれば、研究活動は自由に行うことができなくなり、その結果、真理探究という学問研究の目的そのものが実現できないだけではなく、学問そのものが歪められる。場合によっては、権力にとって都合のよい研究のみが認められ、都合の悪いものは排除される。このようなことでは、真理の探究はおよそ不可能となる。

　これは、公権力・国家権力との関係だけではなく、私立大学においては大学設置者・管理者からの自由をも含意している。繰り返しになるが、私立大学も大学として国公立大学と同様に「学術の中心として」「真理の探究」を行う機

関であるからである。

4 学問の自由と教授（教育）の自由

　先に確認したように、学問の自由には複数の側面がある。①学問研究の自由、②学問研究成果の発表の自由、③大学における教授の自由、④大学の自治である。本裁判では、その中で、とりわけ③大学における教授の自由が問題となるので、そのことについて触れておきたい。

　一般的に、高校教育までは「教育の自由」の名で問題とされる。つまり、高校教育までの教師に憲法23条の学問の自由はどこまで保障されるのか、教育の自由はどこまで認められるのかが問われてきた。とくに高校教育まではこれまで憲法26条との関係で、子どもの教育を受ける権利の実現のための教師の教育活動が議論され、そのために、一定の制約があるものと理解されてきた。

　旭川学テ最高裁判決では、初等中等教育での教師の教育の自由に関して、「専ら自由な学問的探究と勉学を旨とする大学教育に比してむしろ知識の伝達と能力の開発を主とする普通教育の場においても、例えば教師が公権力によって特定の意見のみを教授することを強制されないという意味において、また、子どもの教育が教師と子どもとの間の直接的接触を通じ、その個性に応じて行われなければならないという本質的要請に照らし、教授の具体的内容及び方法につきある程度自由な裁量が認められなければならないという意味においては、一定の範囲における教授の自由が保障されるべきことを肯定できないではない」。「大学教育の場合には、学生が一応教授内容を批判する能力を備えていると考えられるのに対し、普通教育においては児童生徒にこのような能力がなく、教師が児童生徒に対して強い影響力、支配力を有すること」などを理由に、「普通教育における教師に完全な自由を認めることは、とうてい許されない」（旭川学テ最高裁判決、最大判昭和51（1976）年5月21日刑集30巻5号615頁）として一定の限界を認めている。

　ここで注目すべき点は、大学教育の場合と高校までの教育の場合との違いである。後者で学ぶ児童・生徒は教授内容を批判する能力が欠けているのに対して、大学では学生に「一応教授内容を批判する能力を備えている」としている点である。大学では、学生が教授内容を一方的に受け取るのではなく、主体的

に受け止め、それを批判する能力が備わっているのであるから、特定の学説が教授されたとしても、それは一般的に許される。

ポポロ事件最高裁判決では、「（憲法23条が保障する）学問の自由は、学問研究の自由とその研究結果の発表とを含むものであって、同条が学問の自由はこれを保障すると規定したのは、一面において、広くすべての国民に対してそれらの自由を保障するとともに、他面において、大学が学術の中心として深く真理を探究することを本質とすることにかんがみて、特に大学におけるそれらの自由を保障することを趣旨としたものである。」「教育ないし教授の自由は、学問の自由と密接な関係を有するけれども、必ずしもこれに含まれるものではない」と憲法23条からは直接導き出されるものではないとする一方で、大学においては「憲法の右の趣旨とこれに沿って学校教育法52条（現83条1項）が「大学は、学術の中心として、広く知識を授けるとともに、深く専門の学芸を教授研究」することを目的とするとしていることに基づいて、大学において教授その他の研究者がその専門の研究の結果を教授する自由は、これを保障されると解するのを相当とする。」（ポポロ事件最高裁判決、最大判昭和38（1963）年5月22日刑集17巻4号370頁）と大学での教授（教育）の自由を認めている。

5　私立大学における大学の自治と学問の自由

これまで私立大学にも大学の自治、学問の自由が保障されることを繰り返し述べてきたが、それは、私立大学の設置者（学校法人）が国家権力との関係では私学の自由が保障されることとは次元を異にし、設置者とそれが設置する大学との関係においても自治が保障されるものであることでもあった。

しかし、学校法人は私的な組織であり、その内部は一般的には民間企業と同様であり、内部規律は設置・管理者が労働法などの枠の中で自由に決定することができる。その一方で、先述した通り、私立大学の教員研究者にも「学問の自由」が保障されなければならない。そこで、憲法が保障する「学問の自由」はなぜ私立大学の教員研究者にもその保障が及ぶのかを検討しておく必要がある。一般的には、憲法の私人間効力といわれるものである。

一般に、憲法は、国民と国家の関係、公権力相互の関係を規律するものであって、私的自治が及ぶ領域には原則として関与しない、したがって私人間に

は憲法の規定は直接には適用されないと考えられている。そうであるとすれば、私立大学の内部において、理事者・管理者は内部における教員研究者の「学問の自由」を保障しなかったからといって、憲法違反とされることはなく、場合によっては内部規律（就業規則や学則）に反した場合には懲戒処分の対象としたとしても、その範囲であれば違法とはいえないことになる。

　しかし、そうであれば私立大学の教員研究者には「学問の自由」は事実上保障されないこととなる。

　私立大学に憲法23条の保障が及ぶか否かに関して学説上は、意見が分かれている。たとえば、「憲法23条は、学校法人の設置する私立大学にも適用されるが、それは私立大学における研究及び研究発表につき学校法人が国から干渉を受けないという意味においてであり、私立大学教員の研究及び研究発表の自由が設置者である学校法人に対しても当然に保障されることを意味しない。」「設置者である学校法人に対する関係で私立大学教員の「学問の自由」を直接保障しているのは、憲法23条の流れを汲む教育基本法2条〔1947年法－引用者〕であるといってよい。即ち同じ大学であっても、設置者に対する関係での「学問の自由」の保障は、国、公立大学教員については憲法レベルでの保障であるのに対して、私立大学の教員については、それは法律のレベルでの保障に止まる」という（清野惇『私立大学の管理・運営についての法学的研究（下）』『広島修道大学研究叢書』78号、1993年）、60頁）。

　それに対して、高柳は「大学がこのようなもの〔大学は、その所有者および管理者がこれをどう処置するのかを自由に決定しうる権能を持つところの私物企業（proprietary enterprise）にほかならない－引用者〕と考えられれば、教員研究者は、大学の所有者・管理者（具体的には理事会）が、大学という企業の目的を達成するために雇い入れた従業員と観念されるのは、極めて自然なことである。……大学は一の企業であり、企業の取締役（＝理事）が総支配人（＝学長）を雇い、後者が今度は一般従業員（＝教授団）を雇い入れ、最後者は与えられた仕事（教育・研究）を経営者の決定した方針にもとづいて処理するというわけである。」「（私立）大学の設置者・管理者が大学の諸関係をこのように考えることは、ある程度無理からぬところであろう。ところが、ここで、われわれが最も興味をひかれるのは、大学教員研究者までが、このような考え方に抵抗を感ぜず、むしろこれを当然のこととして受け取る傾きがあるということ

第2章 私立大学における教育の自由

である。」「もし、このようであるとするならば、大学内における教員研究者の地位はきわめて不安定とならざるをえない。法人の業務を遂行する上において必要な人手（hand）が雇い入れられ、不必要ないし有害なそれは解雇されるのであり、要不要の認定権は理事機関にあるということになる。それでは、専門的知識と知的創造性にもとづく独立の判断の行使によって顧客および社会に奉仕する専門職能の成立の余地はない。かれらの思想やその表明が、理事機関の世界観と対立し、または理事機関によって法人の業務遂行上有害であると認定されれば、簡単に首を馘られるからである。」（同82-83頁）として、私立大学の内部においても「学問の自由」が保障されなければならないと解する。さらに、「研究者個人の市民的自由を保障しただけでは、かれらの真理探究の自由は保障されない。それに加えて、かれらの学内的（intra-academic）自由が保障されなければならない。そのことは、当該教育研究機関が国公立大学であるか、私立大学であるかにかかわらない。学問の自由を保障するという以上（ことに憲法による場合はいっそうそうである）、それは、自由な研究活動に対する政府権力の制裁（governmental sanction）の排除だけでなく、あらゆる大学における学内的自由の保障を内包するものでなければならない。ともかくも、教育研究機関が、教員研究者の学内的自由を実現する学問研究共同体たる実を具える時、かれらの真理探究の自由が保障されるのである。」（同95頁）といって、教育研究機関としての大学を民間企業とは異なる存在として位置付けている。

また、渡辺洋三は、「大学をはじめとする研究機関の設置者にたいし、その機関に雇われる研究者が従属的地位に立つとすれば、学問の自由は存立しえない。それゆえ、現代における学問の自由は、研究機関の設置者にたいする自由を根本命題とする。」「研究内容にたいする科学者の自由は、特定目的のために設置された研究所においても、大学と同じように認められるべきである。しかし、設置目的との関係において、研究所における科学者の研究には一定の制限がありうる。」「これにたいし、大学における研究は、そのような特殊の設置目的に服さず、完全に自由であるべきである。」（「現代における大学の自治と学問の自由」大沢勝ほか編『講座日本の大学改革（1）現代社会と大学』（青木書店、1982年）、210頁以下）と述べ、その範囲を大学のみならず研究所にまで広げている。

このように、私立大学でも「学問の自由」は憲法上であるか法律上であるかはともかく、保障されていることはあきらかである。しかし、筆者は、私立大

学においても「学問の自由」は憲法上の権利として教員研究者に保障されているものと考えている。それはなぜか。

　日本においては、公教育機関の学校は原則として国、地方公共団体および学校法人のみが設置することができる（学校法2条）。それは、国民の教育を受ける権利を実現するという公共性を担うことができるのは国であり地方公共団体であることを基本とし、そのうえで同様の公共性をになうことができ、かつ、民主主義の基本である価値観の多様性を確保することができる私立学校法上の学校法人にも公教育機関としての学校の設置を認めたものである。学校教育法によらない私塾などの私的な学校は自由に設置できるが、それは、公教育機関ではない。あくまで公教育機関としての私立学校は、公共性の担い手でなければならない。

　したがって、学校法人は、憲法が保障するさまざまな人権保障規定を基本的には内部で保障するものでなければならない。大学設置法人は、大学における「学問の自由」を保障するものとして大学の設置が認められているし、そうでなければならない。私立大学は、純粋な私的機関ではなく、公教育機関としての公の性質を持つものである。したがって、純粋に学校法人内部にあっても、私人間の問題ではなく、憲法の規定が及ぶと解されるべきである。学校法人との関係でも大学の自治、学問の自由は保障されなければならない。

6　私立大学における大学の自治と教育の自由

（1）私立大学と大学の自治

　他方、学校法人は、国や地方公共団体とは異なり、民間の機関であり、さらにはそれぞれの建学の理念に基づき学校を設置する。そこで設置される私立大学の管理運営は基本的に法律の枠の中で自由に定めることができる寄付行為に基づき、学則で決められる。また、教員の雇用にかかわっては一般的には労働基準法、労働契約法などの労働法制に従い、個別の大学ではそれぞれ就業規則によって定められている。しかし、その内容は民間企業とは異なり、大学という機関の特殊性が考慮されたものでなければならない。

　下級審判例ではあるが、「大学が学術の中心として深く真理を探究し、専門の学芸を教授研究することを本質とすることに基づく」（ポポロ事件）ことから

しても、「(教育公務員特例法が)一般の国家公務員又は地方公務員の免職の場合と異なり、(私立大学の)学長の免職につき右の如き特例(法5条、現行6条)を設けた理由は、憲法及び教育基本法に規定する「学問の自由」に由来する大学の自治の原理に基づく。即ち、任命権者又は外部勢力の学長に対する不当な圧迫、干渉を排し、学長の地位を安固ならしめ、もって大学の自治、学問の自由を擁護せんとするにある。此の理は独り国公立大学の学長に限られるべきものではなく、私立大学の学長にも普遍するものであることは論を待たない」(名古屋地判昭和34(1959)年11月30日労働民例集10巻6号1228頁)と、大学の規則についてもその限界があることを示している。

(2) 私立大学における教育の自由

私立大学であっても国公立大学であっても、学問の自由が保障されるのであるから、教授(教育)の自由は、どちらにおいても保障される。しかし、私立大学の場合に、学生は、建学の理念(精神)に基づいて入学してくる。そのため、教育を行うにあたってその建学の理念をどのように位置付けるのかが問われることになる。

旭川学テ裁判の最高裁判決が高校生までは十分な批判能力が欠けており、教師の影響力が非常に強く及ぶことから、高校までの普通教育の教師については大学とは異なり一定の限界が生徒の批判能力(ほかにも理由は挙げられたとしても本稿の文脈で必要な限りではこの点が重要)の欠如を理由としているのであるから、反対に、大学生は教員が一方的な意見を述べたとしてもそれに対する批判能力が十分に備わっているのであるから、教員には教育の自由が保障される。大学が学術の中心として深く真理を探究し、専門の学芸を教授研究する場であることから、大学生にも批判能力が備わっていることが前提とされるからである。

(3) 教育の自由の限界

ただし教育の自由が保障されているからといって、まったくの自由ではなく、自由に内在する制約がある。それは学生の教育を受ける権利である。渡辺によれば、「従来の大学の自治論には……大学教育論が欠落していた。しかし大学の第一義的性格を教育組織としてとらえるならば、大学は、なによりも、

学生の教育を受ける権利を充足する場である。学生が権利主体であり、教師は義務主体である。……学生が教育を受ける権利の主体である以上、学生の教育要求が反映されるような制度的しくみや手続が考えられなければならないのである」(渡辺前掲214-215頁)と指摘していた。つまり、学生の教育を受ける権利が侵害されるような教育活動が行われてはならない。さらにそれのみが教育の自由の限界となる。ただ具体的に何をもって教育を受ける権利の侵害となるのかは必ずしも一義的ではない。授業への参加を認めないことなのか、教育内容の問題なのか、教師は成績評価権をもっており、その授業の内容を批判することが許されないことが問題なのか。授業内容については、大学生は十分な批判能力があるはずであり、そのために、教育内容をもって教育を受ける権利が侵害されることは基本的にはないはずである。もちろん、学生の人格を否定するなどの行為が許されないのはいうまでもない。

さらに、私立大学においては、建学の理念等、私立大学が独自に掲げる教育目的をも考慮する必要がある。

宗教系私立大学においては、多くの場合には建学の理念の中で、当該宗教あるいは宗派の教えをうたっているであろう。たとえば、キリスト教系の学校でキリスト教そのものを否定するような授業を行った場合どうなるのか。同様に、筆者が属する大学は、浄土真宗本願寺派(西本願寺)がもととなって設置された大学であり、親鸞の教えが建学の理念の中で唱えられている。それらを批判する授業は許されないのだろうか。仮に許されないとすれば、学問内容にドグマを持ち込むこととなり、真理の探究のために必要な批判精神それ自体を否定することになりはしないだろうか。ただし、その批判は、講義や演習などを通して自由な意見交流を通して行われるべきであろう。教員研究者は学生の批判に十分応えることも求められる。

このように教育内容が制約されることは基本的にはなく、学生の批判能力を前提として自由に教育を行うことが保障されているといえるであろう。ただし、近時の大学教育の中で、当該科目のカリキュラム上の位置づけ等にかかわっては、その枠を尊重するべきであろうし、たとえばシラバスに明記したことから逸脱することには一定の限界があるというべきであろう。

7　教育活動を理由とする懲戒処分の可能性

　大学教員に保障されている教育の自由の中心的な場である授業での発言は、上述の通り学生の権利を侵害することのない限り自由である。したがって、学生の権利の侵害行為がなければ、その発言を理由として何らかの不利益が課されるべきではない。

　もちろん、私的な組織（企業）としての「学校法人はその設置する大学の教職員について、使用者として就業規則を制定する権限と同時に義務を有する」。しかし、大学自治の観点からは使用者に制定権がある就業規則ではなく、「大学の教員の労働条件の細目については、就業規則よりはむしろ教員組合と学校法人との間の労働協約において取り決めるのが適当であ」る（清野前掲69頁）。また、教育基本法は9条2項で教員について「その身分は保障され、待遇の適正が期せられ」なければならず、とくに2006年教育基本法で大学および私立大学が明記されたのであるから、私立大学にもこの身分保障は及ぶと解される。

　その身分保障のあり様については、とりわけ手続きの適正が重視されなければならず、現行の9条2項と同様に教員の身分保障を定めていた旧教基法6条2項についてではあるが「（旧教基法6条2項の‐引用者）基本的要請は、①事前に懲戒事由を告知して弁明・反駁の機会を与えること。②懲戒事由が教学に関連する場合には、懲戒の要否の審査決定にあたり、教員側の意見を聞くこと。に尽きるものと思われる。」（清野前掲80頁）との指摘は、現行法でも当てはまるであろう。

　さらに、個別の大学でどのような手続きをとるかについて、これも旧法についての記述であるが「学校法人としては、懲戒案件の審議を被懲戒者の所属する学部の教授会に委ねることも、また大学評議会に委ねることも自由であり、さらにはまた理事者側も参加する懲戒委員会を別に設けることも自由である」。2004年の私立学校法の改正により理事会権限が強化され（たと理事会が理解する場合がみられ）、また学校教育法の改正に伴い学長権限が強化される中においても、その手続きの適正さは、なお維持され続けている。しかし、他方で「教員の懲戒については、採用や昇任と異なり、大学の自治（教授会の自治）は機能せず、就業規則に基づき教員の含む監督する理事者にその最終決定権が留保さ

れるべき」（同80頁）ことは、最終決定権については指摘の通りであるが、しかし、そこに至る過程は、やはり教育研究の専門家集団としての学部教授会などの機関がかかわり、そこでの判断を重視すべきであろう。

8 本件ではどうか

　以上、縷々述べてきたが、学問の自由については、教員研究者の「学問の自由」は保障され、これは公権力からの自由であることのみならず、私立大学の設置管理者である法人・理事会等からの自由であること、したがって、学問の自由の一内容である教授の自由（教育の自由）は、私立大学の教員研究者についても保障されていると解される。その一方で、教育の自由は、学生の権利との関係でのみ制約を受ける。そのような学問の自由をもつ教員研究者は、身分保障がはかられるため、懲戒などについても専門家集団である教授会等による関与は不可欠である。このようなことが確認できた。
　それでは本件では、これらのことが、どのように当てはまるのか、あるいは当てはまらないのかをみていこう。

（1）講義内容にかかわって不利益を課すことは許されない

　講義は多くの場合、第1回目の少なくとも冒頭で、いわゆるガイダンスが行われるのが一般的であろう。ガイダンスは、当該科目がどのような内容で、どのような方法で、どのように成績評価するか、など講義の概要の説明を行うもので、シラバス（講義要綱）では十分に触れられない事項の説明を含んで行われる。したがって、ガイダンスは、単なる授業案内ではなく、授業の一部を成すことは明らかであろう。したがって、その際に触れられた内容に基づいて、何らかの不利益を課すことは、学問の自由に対する侵害になる。
　それだけではなく、学生にとっては授業料の対価としての講義という側面を持つから、受講生のみが適法に授業に参加できるのであって、それ以外の者が自由にその授業を受講する権利があるわけではない。本件のように、授業内容に問題があるとして学生以外の者が教室に勝手に入ることは本来的に許されず、許されるとすれば、それは、学生の教育を受ける権利が侵害されている事例が具体的に持ち上がり、それの調査のために必要な範囲でのみかろうじて可

能である。大学の授業は、必ずしも公開されているものではなく、たとえばFD（ファカルティー・ディベロップメント）活動のために、教員相互に授業の見学をする場合があるが、それであっても担当教員の了解を得たうえで、受講学生の邪魔にならないように配慮しながら行われるべきものである。そもそもFD活動は、各教員の教育の自由（学問の自由）を前提としつつ、教育を受けている学生の視点に立ちながら、授業内容のレベルや方法について専門家集団での相互批判を通して、教育を改善することを目的としている。その目的のためにのみ授業の「公開」が行われることはありうる。仮に、だれでも、いつでも授業の教室に入ることができ、その内容がのちに問題とされる可能性があるとすれば、学問の自由は保障されたということはできない。

　しかし、仮に、学生の教育の自由が侵害されている可能性があるとの判断で、教室でその授業を聞いていたとすれば、その自体で学問の自由を侵害したとは言えない。問題は、当該授業が本当に、学生の教育を受ける権利を侵害したものであったか否かである。本件において、授業内容によって学生の当該権利が侵害されているわけではない。

　また、試験の評価についても問題とされているが、試験の評価権は第一義的には教員の側にある。現在多くの大学で行われている試験結果（成績）についての異議申し立ての制度は、学生の側から成績評価について納得がいかない場合に、成績の見直しを求めるものであるが、それは、評価の対象物の見落としや誤認、転記ミスなどによる誤りを正すことを目的としている。その際に、異議を申し立てた学生には理由を付して変更を行うあるいは行わない場合があるが、どのように行うかについては各大学によって異なっているであろう。しかし、その説明は、やはり当該授業担当者の第一義的判断に委ねられるべきであろう。評価の違いは、学問分野によっても異なり、あるいは、学生に求める水準も、教員集団の中で一定の基準を作ることはあったとしても、担当教員の評価基準が尊重されなければならない。仮に不適当であるというのであれば、これもまたFD活動の中で、専門家集団として相互批判を行えばよい。

（2）受講制限を批判することは学生の教育を受ける権利を侵害するか

　一講義あたりの受講生数を教授会などの教学に責任を負う教員組織で決定することはでき、それに従うことは内部規律の問題であり、大学自治の内容を構

成するものといえる。したがって、教育内容ではなく教育条件整備の観点からは、それ自体に不合理な点は見えない。本件では、大学の方針として、一教室の受講生数の上限を300人にすることを決めていた。にもかかわらず、原告が、いわゆるガイダンスで、教室にあふれている学生に対して、教務課にいけば、受講を認めてもらえるであろう旨の説明をしたことが問題とされている。その結果、教務課等の事務が対応に迫られ、混乱したことが、秩序維持義務に反するものとされた。確かに、大学全体の方針として、教育効果の観点から一教室300人の上限を設けることには合理性がある。しかし、その結果、受講登録することができなかった学生への対応について、あえて教務課等に混乱を生じさせる意図をもって、教務課に向かわせたのならともかく、希望する学生への対応として、現実には、受講登録に関するシステム上の問題もあるので、教員自身では対応できないので教務課へ出向かせるといったことは、とくに問題とはならない。これまでの経験から、多数の受講生が希望していることは明らかなので、事前にそれへの対応が行われるべきであった。それこそが、学生の教育を受ける権利に適うものであろう。

（3）大学の批判を行ったとしてもそれ自体が問題となるわけではない

原告が講義の参考文献に指定している原告の著書の中で、現在の大学教育を厳しく批判しているところがあり、ペンネームで書かれたものであっても、その内容をみれば受講学生は、具体的にどこの大学か、つまり在籍している大学であることが推認されるから、大学の批判をしているというのであるが、これはまさに教育内容にかかわるものであり、先述した通り、大学生は批判能力があるのであるから、そのことをもって不利益を課す理由とすることはできない。

批判能力を磨くことも大学教育の重要な役割であることから、自ら持っている既成概念を打ち破ることも大学生が身に着ける必要な能力である。とすれば、あえて建学の理念に批判的な内容を持ったものを教科書や参考文献にすることも、大学教育ではありうることである。しかし、たとえば試験の際に、そこで展開されている批判をすべて是としなければならないとなればドグマを持ち込むことになるし、あるいはそれにもとづいて入学してきた学生に建学の理念を放棄させることになるようなことまでが許されるわけはない。本件ではそ

のような授業が行われたようにはみえない。

（4）手続き問題
　本件懲戒処分に至るまでの間で、就業規則上の処分権者は理事長であるが、調査等については、大学自治の観点から教員組織の自主的・自律的な判断に基づいて行われたようにもみえる。しかし、手続きが適正であるからといって、いかなる処分を行っていいわけではない。

　たとえば、秋田経法大事件の控訴審判決では、「本件決議（教授会出席停止措置 - 引用者）は、大学の自治の担い手であるべき教授会によってなされている。しかしながら、大学の自治は、前示のように学問の自由を保障する目的のため、必要不可欠な制度として、その法的意義を有するものであって、学問の自由と直接かかわりのない事項については法的規制の対象となりうるし、大学の自治の名の下に個人の権利を侵害することが許されないことも多言を要しない。」（仙台高秋田支判平成10（1998）年9月30日判タ1014号220頁）とされ、大学の自治が学問の自由のためであることが確認されている。大学の自治名の下に学問の自由が侵害されることは本末転倒である。

9　結　論

　したがって、本件における原告の行為は、学問の自由に基づく教授（教育）の自由によって保障された範囲を逸脱したものではなく、それに基づく不利益処分は違法なものである。

第3章
懲戒における適正手続の観点から見た解雇の有効性

志田 陽子

1　はじめに

　本件は、大学教員の労働法上の地位に係るものである。雇用関係においては、大学教員も労働法による各種の権利保障を受ける被雇用者であることは論を俟たない。各種の労働者の権利保障の背後には、日本国憲法による人権保障の要請が存在する。しかしその一方で、大学教員の職務には、憲法23条によって保障される「学問の自由」という枠組みの中で研究活動と教育活動を行うという特殊性があるために、その雇用のあり方や勤務実態についても特有の要素を考慮すべき部分がある。そして、そのかなりの部分は、「大学の自治」の枠内で慣習的に処理されているのが実情であると言えよう。

　本件はこうした複合的な要素を含む事案であり、ここで生じている法的論点は、大学内部における慣習的対処と、労働者としての大学教員に対する法的権利保障という両者の背後に存する、憲法論上の緊張関係が顕在化したものである。したがって、本件における労働法上の論点を考察する際にも、憲法を、議論の射程に含めなければならない。

　以上を踏まえ、本意見書では、本件被告による原告への処遇が憲法上の基本的人権、具体的には「法の適正手続」、「表現の自由」、および「人格権」に照らして不当なものではなかったかという点を考察する。本意見書の構成は、以下の通りである。まず、憲法上の人権保障が、労働法の解釈指針として参照されるべきであることを「2」で確認する。ここでは、まず、憲法27条と28条に規定されている労働分野への人権保障の要請を論じ、この具体的一場面としての懲戒手続について、憲法31条から40条で規定されている「法の適正手続」の趣旨が労働法分野で受容・反映されていることを確認する。そして、これらの原則が、私立大学においてどのように受容されるべきであるかについて、一般

原則を確認する。これを踏まえて、「3」では、本件で生じた適正手続の欠損について検討し、この観点から見て本件解雇を無効と判断すべきことを論じる。

2　雇用関係における人権保障と適正手続

　本件は、私立大学を被告とする民事訴訟である。したがって、少なくとも直接的には、憲法上の人権条項の適用が主たる論点となるものではない。しかしながら、労働法は一般的に民法の特別法として位置付けられつつも、その目的・趣旨は、憲法による人権保障という観点から使用者と労働者の間に存する不均衡関係を調整することにある。このことは、労働法の制定の歴史的経緯に鑑みても明らかである。したがって本件のように、労働法によって保障される原告の法的地位が脅かされた場合は、必要に応じて憲法の意図・目的と関連させつつ労働法を解釈すべきこととなる。

（1）各種労働法の背後にある人権保障の意義
　(i)　**憲法における人権保障が参照されるべき理由**　　まずは、労働法もその一分野として捉えられている私法と、憲法との基本的な関係性を確認する。私法の規律対象は、原則として、私人同士の自由な意思決定に基づく合意によって形成される私的自治の領域である（いわゆる私的自治の原則）。このことは、憲法の次元においても、私的自治への原則的な不介入を国家に対して確保する要請として働くこととなる。すなわち「国家からの自由」である。しかし他方で、資本主義の高度化に伴い、私的自治の放任が労働者の法的地位、ひいては現実の生存を著しく脅かすことが広く認知されるに至ると、憲法による人権保障を各種の法律によって実効化することが目指されることとなった。すなわち「国家による自由」である。このような文脈において規定されたのが、憲法27条・28条における労働者の権利保障と、憲法22条・29条における「公共の福祉」である。各種労働法による私的自治の修正も、それと軌を一にしたものである。[1]

---

1)　憲法学における「国家」と「自由」の関係、これに対応する「公共と福祉」のあり方については、こうした理解がおおむね標準となっていると思われる。この理念型の析出整理については、樋口（1973）を参照。以下、本意見書では参照文献を本文末尾に一括して記載↗

このような意味において、各種私法が私人間の相対立する利益について国家が「利害調整を施したルール」と捉えられるのに対して、憲法は、当該利害調整が適正になされているか否かについて査定するという規範的役割を担うのである[2]。

こうした理解に基づけば、憲法は、たしかに当該利益調整へ直接的に介入するものではないが、私法上の利益調整が適正に行われるための解釈指針、あるいはその適正性を判断する物差しとして間接的に機能するということになる[3]。このような意味で憲法には、私法領域における価値秩序を統制する法規範としての役割が存在すると言えるのである。

このとき、憲法上の人権として保障されている諸権利は、私法の領域における紛争解決の解釈指針となるべきものであって、これを阻む社会的慣習があるときには、その後塵を拝することがあってはならない。ここに、労働基本権を含む「社会権」が憲法上の「人権」として保障されていることの意義がある。そこで、次に、本件のような懲戒解雇の事例を検討するに必要な労働法の解釈に組み込まれるべき憲法の規範内容を確認する。

(ⅱ) **憲法における思考基盤としての《不条理の回避》**　以上確認してきたように、憲法は、私法の領域をも含めて、国家に対して人権保障を目的とした各種統治を命じる法である。このような法が定立されることで、国民は自らに保障されている権利を行使し、それを実現することができる。このことを画餅に終わらせないためには、まず法治国家における当然の理路として、《保障された権利を行使したことによって不利益を受ける》という不条理を回避することが、法の制定・解釈・適用の全体に求められる。法の実現の多くは当事者による権利主張や告発を前提としているため、この原則は、「法的安定性」ないし

\し、脚注においては著者名と公表年のみを記す。
2)　大日方（2011）21、39頁。なお私人間で憲法上の権利の侵害が問題となったときに、私法の中にこれを解決する規範がない場合は憲法を適用するか、するとしたらどのような形で適用するか、という問題が「憲法の私人間効力」として論点となりうるが、本意見書では立ち入らない。本件の問題は、通常の労働法の解釈適用に憲法が予定する方向性ないし規範枠組みを組み込むことで解決されうるものであると今のところ期待できるからである。
3)　この「適合性」は、違憲訴訟の場面に限定されるものではなく、およそどの法律の解釈も憲法に適合するように行われることが前提とされている、という広義の意味である。「憲法適合的解釈」の意味と「合憲限定解釈」との関係については、山田哲史（2017）を参照。

「予測可能性」の確保という一般原則に集約され、憲法に限らずあらゆる法学領域に共通するものとなるが、とりわけ「人権」の保障を国家に要求する憲法においては、権利主張を実践した者がそのことのゆえに不利益を受けるという不条理ないし背理を除去することが、重大な理論的関心となる。

　実際に憲法を見ると、社会の構成員が自己に不利益な状況の改善を求めて声を上げるのは当然の権利であるとした上で、その権利を行使した者がそのことの故に不利益を課されてはならない、という思考が随所に採られている。こうした思考は、たとえば日本国憲法において、参政権、表現の自由、思想良心の自由、労働基本権、裁判を受ける権利、請願権などの諸権利に広く反映されているが、これら諸権利のうち、世界史的な視野から最も歴史の古いものは請願権である。[4]この権利自体は、国や地方公共団体などの公的機関に対する請願について定めたものであるため、私企業は、直接にこの条文によって請願を受け付ける義務を負うわけではない。しかしながら、前述したように、ある請願を言論という平穏で非暴力的な方法で行っている者がそのことの故に不利益を受けてはならないとする思考が憲法の全体を貫徹する基盤である以上、憲法27条・28条で保障されている労働者の諸権利の中にもこの思考が貫かれていると見るべきであり、28条の団体交渉権はまさにこの思考を実体化したものと言える。したがって、大学教員が行った表現活動や自書の教科書採用、授業内で行った学生との意見交換について、その法的保護のあり方を考えるにあたっても、まずは、このような憲法の基本的な思考基盤を確認することが必要である。

（2）労働者の権利保障の意義

（ⅰ）**労働者の権利保障の意味とその憲法適合的解釈**　日本国憲法上の労働基本権は、その制定の歴史的経緯に因り、以下のような複合的な性質を内包する。[5]

①社会権としての性質

　憲法が定める権利内容を実現するにあたっては、国家が適切な政策立法を行

---

4)　憲法16条「何人も、損害の救済、公務員の罷免、法律、命令又は規則の制定、廃止又は改正その他の事項に関し、平穏に請願する権利を有し、何人も、かかる請願をしたためにいかなる差別待遇も受けない。」請願権の意義と歴史については、樋口他（1997）、351頁以下。
5)　憲法上の労働基本権の概要と歴史については、杉原（2008）641-647頁（藤野美都子・辻村みよ子執筆部分）参照。

うことが必要となる。憲法は27条1項で勤労者の勤労の権利を保障したあと、2項で、勤労条件の法定を要請している。したがって、これらの要請を受けて制定された各種の労働法規は、当然に憲法の規範内容を具体化する方向で解釈適用されなければならない。

②私的自治の修正と民事免責

労働基本権は、私的自治の領域に法が介入することによって、労働者が使用者に対する主張を行うことを可能とするものであり、使用者は労働基本権を尊重する義務を負う。たとえば労働組合法8条の民事免責は、このことを明らかにしたものである。組合活動という定型的な場合の他にも、労働者が何らかの不利益を課されるときには使用者の側は適正な手続きに則らなければならないという要請は、使用者と労働者の非対等性を考慮して私的自治を修正した調整ルールと理解すべきである。

③自由権と刑事免責

労働組合法1条2項の刑事免責は、正当な争議行為が刑罰によって脅かされないことを確認している。本件はこの条項が直接かかわる事例ではないが、懲戒が一種の制裁である以上、《憲法上保障された権利の正当な行使が懲罰の対象となるべきではない》という一般原則をここで確認すべきである（後述）。

このように、憲法は、民事・刑事の両面において、労働者が自己の利益の確保や待遇の向上・改善のために言論等の平穏な方法を用いることを——怠業や業務拒否に当たらない限りは——正当なこととして認める基本思考を採っており、この思考法の実現を各種の労働法規に委ねているのである。憲法27条および28条による権利保障、そして憲法22条と29条が経済活動主体に対して課している「公共の福祉」は、このことを示している。すなわち憲法は、これらの条文によって企業の「経済活動の自由」に人権保障の観点から法規制の枠をはめて労働者の権利を保護しているのであり、各種の労働法規は、憲法のこの論理枠組みの内部において定められているものと見ることができる。したがって、本件は憲法判断を求める違憲訴訟ではないが、関係法令の解釈にあたっては、こうした憲法上の論理構造に適合する解釈あるいは利益衡量を行うことが求められる[6]。加えて、昨今の経済社会の著しい変動性を考慮したとき、各種の労働

---

6) 本件関係法令の具体的な解釈については、本件における原告代理人準備書面を参照されたい。

法による規制や配慮が存在しつつも、これに加えて労働者による新たな請願の必要性がさまざまに発生することは不可避と言える。憲法が27条2項で「勤労条件に関する基準は、法律でこれを定める」と国家に必要事項の法定を要請しつつ、これに終わることなく28条で団体交渉の権利を認めているのは、このようなことを前提としている。憲法がこれらの権利を明文で保障しているということは、各種の法律がこれらの権利の行使を常に確保する方向で解釈適用されなければならないことを意味している。

こうした基本思考は、雇用関係が流動化・多様化を極めている今日においては、組合という活動形式のみに限定して理解するべきでなく、使用者と労働者との関係全体を貫く原理原則として、27条1項の「勤労の権利」と一体的に理解しなければならない。

(ⅱ) **労働基本権・表現の自由・経済的自由が衝突した場合**　本件では、「表現の自由」や「学問の自由」といった精神的自由と、企業経営に代表される経済活動の自由[7]とが衝突している。このような場合においては、先に見たとおり、日本国憲法27条・28条が規定する労働者の諸権利および国家の立法責任が、経済活動の自由に対する制約原理である「公共の福祉」の重要な要素として機能する。

こうした「国家からの自由」から「国家による自由」への歴史的変化は、ドイツにおいてはワイマール憲法151条の規定[8]に現れ、アメリカ憲法訴訟の流れにおいても、「二重の基準」と呼ばれる思考枠組みとして判例・学説に反映され、広く共有されてきた[9]。日本でもこの「二重の基準」の枠組みが受け入れられ、憲法13条を根拠にして規制される「自由」の領域と、憲法22条・29条によって規制される経済的自由の領域を弁別し、それぞれを異なる基準で判断するという考え方が採用されている。

試みに、日本においてこの「二重の基準論」を採用した代表例とされる「薬事法違憲判決」の最高裁判決[10]を見ると、(1) 経済活動の自由についてはその他

---

7)　私学経営も、教育の公共性からする特殊事情はあれ、労使関係においては経済活動主体のカテゴリーに入る。

8)　「経済生活の秩序は、すべての人に、人たるに値する生存を保障することを目指す、正義の諸原則に適合するものでなければならない。」

9)　アメリカ憲法訴訟の流れから日本に受容されてきた「二重の基準」については、松井（1994）を参照。

10)　最大判昭和50（1975）年4月30日民集29巻4号572頁。

の人権ないし憲法価値を確保するために規制を受ける度合いが強いことを、裁判所が明確かつ論理的に認めている点、および、(2) 経済的自由への規制が問題となった場合でさえ、憲法が全体として採用している構造に照らして綿密な事情斟酌と衡量を行っている点[11]が参考となる。詳細は本意見書「3」において改めて述べるが、こうした最高裁の判断枠組みが要請する具体的事情の斟酌と綿密な利益衡量は、学問上の題材として行われた表現および労働者の権利主張の一環として行われた情報収集が問題となる本件において、より一層、求められるものと言える。

(iii) **不利益取扱いについての手続保障の重要性**　憲法には、これまで見てきた諸権利に加え、国家がその構成員である国民に何らかの不利益を与える場合には、適正な手続を踏まなくてはならないという基本思考が組み込まれている。日本国憲法の場合、31条から40条までの条文によって、こうした基本思考が明文化されている[12]。

その中でも、憲法31条[13]は、この後に続く32条から40条までの条文全体の基本的意味を定めた総則規定と考えられている。条文の文言からは、同条がさしあたり念頭に置くのは刑事手続のことであることが読み取れるが、その趣旨は、行政罰やその他国家が国民に不利益を課す場合に広く及ぶと考えられている[14]。

---

11)　この判決では、「職業は、……本質的に社会的な、しかも主として経済的な活動であって、その性質上、社会的相互関連性が大きいものであるから、職業の自由は、それ以外の憲法の保障する自由、殊にいわゆる精神的自由に比較して、公権力による規制の要請がつよく、憲法22条1項が「公共の福祉に反しない限り」という留保のもとに職業選択の自由を認めたのも、特にこの点を強調する趣旨に出たものと考えられる。」との判断枠組みが示され、最終的には、「具体的な規制措置について、規制の目的、必要性、内容、これによって制限される職業の自由の性質、内容及び制限の程度を検討し、これらを比較考量したうえで慎重に決定されなければならない」との精査姿勢をとった結果、法令を違憲とする判断に至っている。

12)　憲法31条から40条までの適正手続全般の理解として、憲法的刑事手続研究会（1997）、杉原（2008）573-591頁（浦田一郎執筆部分）、渡辺・宍戸・松本・工藤（2016）282-316頁（松本和彦執筆部分）を参照。

13)　31条「何人も、法律の定める手続によらなければ、その生命若しくは自由を奪われ、又はその他の刑罰を科せられない。」

14)　学説においては交通違反に対する行政罰、財産権の制約などが含まれると考えるのが通説とされている（この点の学説の整理として君塚（2018上）173-192頁を参照）。判例としては、いわゆる成田新法に基づく工作物の利用禁止処分に関連して、憲法31条が行政手続にも及ぶ余地を認めつつ、行政手続が刑事手続と異なり多種多様であることから行政処↗

この趣旨からは、個人の自由を保障するために、刑罰の対象・種類・程度といった情報が予め法律という形で具体的かつ明確に公示されていなければならないという原則、すなわち罪刑法定主義が導かれる。この罪刑法定主義により、新たな刑法規定が設けられる場合にその規定はその施行後に行われた行為に対してのみ適用され、それ以前に行われた行為を処罰の対象としてはならないという「事後法の禁止」や、また「同一の犯罪について重ねて刑事上の責任を問われない」という「一事不再理」ないし「二重処罰の禁止」などの重要な原則が論理的帰結として導かれる。[15]

こうした適正手続の原則は、雇用関係における懲戒または解雇およびその両面を含む懲戒解雇[16]の場面では、使用者が守るべきガバナンスルールとして定着している。本件で問題となっている懲戒解雇は、このことに直接に触れる問題を含むため、この点を「3」であらためて論じる。

(iv) **労働者個人の自助努力**　ここまでは、典型的な企業内労使関係を前提として、憲法が規定している労働者の諸権利と、企業活動の自由への制約について確認してきた。憲法28条を見ると、組合の結成や活動が反社会的活動として抑圧されてきた世界史的経緯への反省が反映されていることもあって、[17]労働者が企業に対峙してなんらかの主張をする際の枠組みとしては、組合の結成・活動の保障に主眼が置かれている。しかし今日では雇用の多様化と流動化が著しく進み、憲法27条および28条の制定時とは法の適用対象となる雇用状況が大いに異なってきたため、組合を拠り所としない個々の労働者の事情を汲んだ権利

　分の相手方に常に告知聴聞の機会を与えることは必要ではないとした判決として、最大判平成4（1992）年7月1日民集46巻5号437頁。
15)　日本国憲法39条にはドイツを源流とする「一事不再理」とアメリカを源流とする「二重の危険の禁止」の二つの法理が流れ込んでいると言われるが、本意見書では立ち入らない。
16)　本意見書では以下、これら全体を一般論として意味するときには「懲戒・解雇」という。
17)　労働運動の一環である集会や言論活動が反社会的扇動とみなされ法的な規制・取り締まりの対象となってきた経緯については、奥平（1999）115-117頁、160-172頁を参照。ここでは、第2次大戦前のアメリカ刑事制裁を多用して労働者の権利主張の抑制をはかった経緯、とくにパンフレット配布や集会などの表現が制圧されるか萎縮させられていたことが観察されている。アメリカの「表現の自由」は、その強い反省を織り込みながら確立してきた。ここには、刑法・民法といった法領域をまたいで、我が国が陥ってはならない表現抑制のあり方が示されている。

保障がますます必要となっている。28条による保障の中核は、労働者が労働組合などの団体結成を通じて使用者との交渉を行うことを可能とするため、こうした団体に法的権利を付与することであるが、その究極の目的は、このような仕組みを必要とする個々の労働者の権利の確保にある。したがって、憲法と労働法の全体を貫く各種の法原則を、今日の雇用状況において実効的なものとするためには、労働者の各種の自助活動が業務の懈怠や勤務放棄に該当しない限りは、それを理由として不利益処分（懲戒など）を行ってはならないと解すべきである。こうした理路は、雇用関係において懲戒・解雇が行われるさいの適正手続の諸原則に反映されることとなる。本件はこの点の理解を要する事例である。

（3）懲戒における適正手続・一般原則

(ⅰ) 懲戒権の位置づけと適正手続の関係　以下では、これまで考察してきた労使関係における人権保障のうち、本件に直接係る懲戒手続に絞って一般原則を確認する。懲戒とは、企業秩序の維持を目的として使用者に認められる懲戒権[18]に基づくものであるが、これは、その不利益を受ける側にとってみると、経済的不利益のみでなく社会的信用の低下やスティグマを伴う点で、刑事罰に準じる制裁としての性格を強く帯びるものである。したがって、懲戒解雇が行われる際には、私的自治の領域においても、刑事事件において国家に要請される「法の適正手続」に準じた手続きの遵守が求められる。

まず「懲戒処分と罪刑法定主義」に関して、労働法分野の共通理解を確認する。主要な労働法の体系書を概観すると、「懲戒処分＝制裁罰＝刑事処罰との類似性」という思考に基づき、懲戒処分に罪刑法定主義と同様の要請が働くとする解釈は、定説として根付いていると言える[19]。なお、この点に関する近年の

---

[18] ただし、周知の通り、その法的根拠については古くから争いがあった。それらは、最も大きな部分では、懲戒権の明文規程の存在を懲戒権行使の要件として認めるか否か、という点で分けられる。前者は企業経営に伴う必然的権利として経営者に懲戒権を認めるものであり（固有権説）、後者は懲戒権を定める具体的条項の存在を要請する（契約説・授権説等）。一方、判例の立場を上記諸説のどれに位置付けるかという点に関しては、未だ論争のあるところであるが、判例の理解としていずれの説を採るにせよ、判例の立場は懲戒権の行使にその根拠規程を要求しているという指摘が重要である（荒木（2016）427-430頁）。

[19] 多くの解説の中で、とくに憲法論との理論的接続を視野に入れている解説として、水↗

重要判例として、懲戒処分が企業による労働者に対する一種の「制裁罰」であることに言及した平成8年の山口観光事件最高裁判決がある。[20]

このように、懲戒処分には憲法上および刑法上の罪刑法定主義と同様の原則が法的要請として働くと考えられているが、このことから導出される要請として、「懲戒処分を行うにあたっては適正な手続を踏むこと（特に本人に対して懲戒事由を告知して弁明の機会を与えること）が必要であり、このような適正手続を欠いた懲戒権の行使は無効となる。」と論じられている。[21]加えて、憲法と私法との関係について言えば、「これらの諸原則に反する懲戒処分は、公序（民法90条）に違反し（または契約上の根拠を欠き）違法・無効となると解釈されうる」[22]との理解が標準的と思われる。

(ii) 懲戒権・解雇権の適正性に係る解釈姿勢

（ア）　厳格な解釈を要すること

一般的には、刑法上の解釈作法と、民法上のそれとは同一のものではない。刑法には罪刑法定主義による要請、すなわち適用を誤ればすぐさま重大な人権侵害に直結するためにあらかじめ罪の要件と罰の内容を明文で告知する必要があることから、法文の解釈も不安定に拡大しないために厳格な解釈と謙抑性が求められるが、[23]それに対して民法は、利害関係を調整する方向で用いられる法

水町（2016）162頁、荒木（2016）459頁。なお、花見（1956）においては、懲戒処分には罪刑法定主義と同様の要請（処分事由の明定や不遡及の原則等）が働くものの、懲戒処分は国家による刑罰の行使とは異なるためこの用語の使用は比喩的な意味に留まるとの理解に立っている。同論文は1956年のものであるが、このことから、この時期には既に「懲戒権と罪刑法定主義」の関係が論じられており、今日通用している通説的理解の原型が出来上がっていたものと推察される。

20)　最判平成8（1996）年9月26日労判708号31頁。

21)　水町（2016）162頁。この点に関する判例として、日本ボクシングコミッション事件（東京地判平成27（2015）年1月23日労判1117号50頁）、甲社事件（東京地判平成27（2015）年1月14日労経速2242号3頁）など。

22)　水町（2016）162頁、注115。

23)　罪刑法定主義と日本国憲法31条とアメリカの Due Process of Law の関係、類推解釈の禁止については、萩原（1998）を参照。こうした原則を日本国憲法制定過程から読み解くものとして、憲法的刑事手続研究会（1997）195-233頁（高野隆執筆）を参照。ここで言われる「謙抑性」とは、刑事罰制度を必要最小限に限定する方向を意味する。憲法上の市民的自由と刑法との緊張関係についてこの「謙抑性」の観点から考察したものとして、曽根（2013）を参照。

律であるため、社会の必要に応じて弾力的な解釈に開かれている、と考えられるからである[24]。

　同じく、国民との関係で国家が遵守すべき法原則と、従業員との関係で私企業や私立学校が遵守すべき法原則とは、完全に同一であることが期待されるものでもない。前者において国家は、多くの事柄（とりわけ信教や思想信条）については価値選好において中立の姿勢をとることが求められる。それに対して、後者の私企業や私立学校は、差別の禁止など法の要請する一定限度内で、それ自身が各種の精神的自由権の主体として自由な選好を行うことができる。たとえば私立学校は、独自の建学精神に基いて価値を選好し、その共有・遵守を構成員に求め、服務規則や懲戒事由の中にこの価値選好を反映させることが——教育の本質と公共性に合致する限りにおいて——当該学校の教育方針として認められる。このように、私立学校における各種の規律の内容は、国家の刑罰権と全く同じように憲法による拘束を受けるわけではない。

　しかしながら、本件で問題となっているような懲戒・解雇[25]は、相手方に著しい不利益を科す上に、「制裁」という社会的意味を帯び、したがって刑事罰に準じる物的・心理的影響を伴うものである。その程度は、とりわけ懲戒解雇という処分において最高度に達する。刑法と民法の間にある解釈作法の差異の実質的な根拠（前述）に照らした場合、こうした場面では、適正手続の遵守および懲戒相当の認定は、刑法における厳格さに準じた解釈姿勢をもって行うべき

---

[24]　たとえば、日本の憲法学者・高橋和之は、「……私法の解釈は、日本の実定法システムの基本価値に適合的に解釈されねばならない。民法1条の2は、個人の尊厳が民法の解釈を嚮導すべき基本価値であることを確認している。民法90条のような一般条項は、立法者が裁判官に基本価値適合的な法創造を委任した意味を持つのである。」として、私法の創造的解釈の余地を広く認める（高橋（2003）146頁）。また、教育書レベルの解説においても、「……条文の解釈とは、条文の文言の意味を確定し、そこからルールを導く作業だが、民法の解釈における特徴は、その解釈の自由度の高さである。」との説明があり、その理由として、刑法では認められていない類推解釈の使用が挙げられている（山下他（2013）30頁）。こうした自由度は、民事判例のなかで、反制定法解釈や類推解釈、客観的解釈や歴史的解釈など多様な解釈方法が現に実践されていること自体から確認される。こうした多様な解釈方法から諸判例を解説した教育書の例として、広中（1997）。

[25]　本件では、被告が原告を教授から准教授に降格するという不利益処分を行った後に、予備的普通解雇を伴う懲戒解雇を行う、という複数の処分を行っているが、本意見書では、これらの処分・決定の相互関係や前後関係については保留の部分を含みつつ、「懲戒・解雇」と表記することとする。

である。

　こうした観点からすると、まず先に確認した憲法31条以下で要請されている適正手続の内容およびこれを具体化した刑法・刑事訴訟法上の基本的諸原則（罪刑法定主義や事後法の禁止、一事不再理など）は、私企業における懲戒権者・解雇権者も遵守すべき原則と言える。このことを労働法に即して確認すると、使用者が懲戒を適正に行うためには、就業規則に「その理由となる事由」と、これに対する「懲戒の種類・程度」「懲戒の手続き」が明記（労働基準法89条）されるとともに、「当該就業規則が周知されている」必要がある（労働基準法106条）。これらの手続きに瑕疵がある場合、たとえ労働者側に懲戒解雇に相当するような重大な落度があったとしても、懲戒解雇そのものが無効となると考えるべきである（労働契約法16条）。

　具体的にどのような行為が労働者にあれば懲戒解雇となるかは各会社の就業規則の定めによるが、懲戒解雇は会社の懲戒処分のうち最も重いものであるため、懲戒権者・解雇権者の完全な裁量に委ねられるものではなく、内容の適正性（労働者としてあるいは個人・市民としての正当な行為を懲戒・解雇の対象としていないこと）、行為と処罰との均衡、社会通念上の相当性が認められなければならない。加えて、実際に懲戒・解雇を実行する際にも、事前弁明の機会の付与等といった手続きの適正が求められる。

　（イ）　使用者の懲戒・解雇の権限と憲法上の人権保障との衡量

　先に、刑罰および懲戒・解雇（とりわけ懲戒解雇）においては適正手続の遵守と厳格な解釈姿勢が必要であることを見たが、その実質的な根拠は、適用を誤ればすぐさま重大な人権侵害に直結するというものだった。ここには、憲法上の人権の価値を、各種実定法の解釈の前提としてあらかじめ組み込む思考方法が存在している。

　このことから、本件における適正手続の重要性とその解釈のあり方について、憲法論と私法の解釈適用との接続関係にもう一歩踏み込んで、確認したい。

　各種の法規はもともと憲法に適合するように解釈適用されることが期待されていることを先に見た。このことは、とりわけ憲法による要請と授権が明文化されている労働法規について明確である。このとき、憲法適合的にということの意味は、憲法の各種の人権保障の意義と重さを個別具体的な解釈適用の前提として

あらかじめ斟酌しておく、ということを意味する[26]。この前提としての斟酌は、刑法であれば先に見た「罪刑法定主義」のように、解釈の指針として共有される法原則となっているが、他にも、「二重の基準」のように精神的自由権が係っている場合にはこれを重く斟酌すべきとする思考や、名誉毀損における免責（刑法230条の2）のように公共的価値が係っている場合には「表現の自由」のほうをより重く斟酌すべきとする思考などに反映されている。本件において憲法上の「法の適正手続」を重視するのも、こうした思考に基づいている。こうした前提的衡量が実体法において具体化された法原則としては、上記のほかに、正当行為論、可罰性論があり、本件もこれらの原則が妥当する事例であることを後に検討する。

　こうした前提的な利益衡量を解釈における基盤ないし枠組みとして採用し、これが反映された法原則があれば参照・踏襲した上で、最終的に個々の具体的事案に沿った利益衡量を行うべきである[27]。労働者が保護されるべき事項として個別の具体的な明文規定が完備されていない場面について、この前提的衡量を欠いた場合には、衡量の結果は多数者ないし実定法上の権限を与えられた経営者・管理者に有利に働くこととなり、前述のような憲法を前提とした労働法体系の全体に歪みが生じることになる。

　総じて、経営側は、解雇権を制約する各種の労働法規を遵守すべきことは当然として、これに加えて懲戒権についても根拠規律さえ定めれば内容について広汎な裁量権を与えられているものと理解してはならず、正当な人権の行使や軽微な違反については人権保障を優位させる利益衡量がなされるべきことが要請される。普通解雇に伴う法的制約および経済的負担を免れるために懲戒解雇という方途を選択するという道は、法が許容するところではない。本件においても、原告の言動が懲戒解雇を必要とするほどに重大なものであったかどうかについては慎重に精査する必要がある。

　以上、本件のような憲法価値が係るケースでは、法的判断の中に、二段階の利益衡量が含まれるべきことを確認した。第一段階の衡量として、憲法21条の表現の自由の意義、憲法23条の「学問の自由」から導出される「教授の自由」、

---

[26] 刑事事件・民事事件とくに労働事件においてこの思考方法を明確化・体系化したものとして、藤井（1981）6章以下。
[27] 憲法上の人権が係る利益衡量の現れ方について、このような理論的整理をしているものとして藤井（1981）6章、同（2007）366頁以下を参照。

および労働者の権利保障の意義と適正手続保障の重要性を天秤の一方に乗せる、という思考作業があり、この前提的衡量をベースとして、個々の事例に即した個別の利益衡量が行われ、原告に科された処分が適正なものであったかどうかが判断されるべきこととなる。本件における解釈作業は、その内部に、こうした憲法上の人権保障に係る利益衡量を内包していると見るべきである。

　(iii) **労使間の一般原則と私立大学**　　以下では、上記の考察を踏まえ、労使間で懲戒が行われるさいに要請される適正手続の内容を整理し、さらに私立大学において考慮すべき組織編成や業務内容に即して、本件解雇の有効性を論じるに必要な事項を整理する。そのさい、上記で確認した一般原則と私立大学における懲戒に係る適正手続とは、以下のような関係に立つ。

　本件のような私立大学と大学教員の関係もまた労働法上は使用者と労働者という関係であるため、労使間に妥当すべき適正手続原則がそのまま妥当する。すなわち、使用者が被雇用者を懲戒に処する場合には刑事手続に準じる適正手続の遵守が求められ、普通解雇とする場合には労働法規上定められた手続を遵守しなければならない。懲戒または解雇の決定に瑕疵があった場合にその決定が無効となるべきことも、同様である。

　このことは、学問の自由と教育の公共性から私立大学における労働面での意思決定に教育公務員特例法に準じた実体ルールの妥当性を認める場合にはもちろん、私立大学における意思決定を私的自治に委ねようとする場合にも――その場合にはなおのこと私立大学も一般私企業と同じに労使関係ルールに服するべきこととなるため――同じく妥当し、私立学校法人はこれらの法原則の拘束を受ける。

　そしてまた、一般企業と大学とを問わず、どのような業種・職種であれ、その業種・職種に特有の業務内容や性質があり、このことを相互に認めて業務の提供と対価の提供につき合意するのが雇用契約の基本である。その内容が公序良俗に反しない限りは、この合意が存在することが私的自治の原則を維持するための当然の要請として合理的に推定され保護される。したがって、労使間でそうした合意のあることが推定される活動を懲戒の対象とすることは、根本的な法原則に反する。[28]こうした信頼関係を守ることは、法的安定性を維持する上

---

28) たとえば調理師として雇用された従業員は、業務中に包丁等の刃物を使って食材を切ることを通常の業務として行うが、ここでこの動作が「職場で危険物を使用して物品を損↗

で不可欠のことであり、企業や学校組織における懲戒権者はこの要請を遵守する必要がある。したがって、ある組織内でこうした信頼関係を損なう服務規則や懲戒規則があった場合には《懲戒内容の適正性》に反することとなる。

　大学教員の行う業務にもその職種の実質的内容に応じた固有の活動内容や性質がある。このことは私立大学において教育の公共性を重視する立場に立ったとしても「建学の精神」に基づく独自性を私的自治の一場面として強く認める立場に立ったとしても同様である。本件懲戒解雇はこの点で、大学教員の職務内容や特性に照らして適正さを欠く理由に基づいていなかったか、ということが疑われるため、この点について「2」であらためて論じる。

　以上の一般的理解を踏まえて、以下では、私立大学における懲戒手続が適正であると言えるための要件を整理する。

(iv) 私立大学に即した適正手続の一般原則

(ア) 根拠となる規律の存在とその内容の適正性

　使用者が懲戒権を行使するに当たっては、罪刑法定主義に相当する原則の遵守が求められる。使用者の就業規則などにおいて当該の懲戒を行う根拠となる規定が存在し、なおかつ当該規定の実体的内容が、憲法などによる労働者の権利保障の趣旨に照らして適切なものでなければならない[29]。

　私立大学においては、服務違反を問う場合にはその根拠となる服務規則、懲戒に処する場合には懲戒規則が定められていることが必要となる。大学教員職は教育活動と並行して研究活動と大学内運営を行うのが常であり、その服務の形態は一般の会社勤務とは相当に異なっているため、服務内容は出退勤時刻によらず担当授業科目数などによって合意され、細部に係る事柄については各教員の裁量に委ねられるのが普通であるため、何が規律違反となるかがわかりにくい職種であると言える。そのため、懲戒や解雇が恣意的に行われる危険性の高い職種でもあるため、適正手続の観点から明文の規則を必要とする度合いは

　壊した」と評価され懲戒または解雇の理由とされるとしたら、「私的自治」の土台を維持しえない背理が生じることとなる。

[29] 憲法31条およびこれと直結する刑法上の原則である罪刑法定主義には、犯罪と刑罰の内容が法定されていることを超えて、その内容が適正であることも含まれるかどうかについては、学説上争いもある。しかし概ね、憲法31条は実体的内容の適正性も要請しているとみるのが通説である。本意見書もこの通説的見解を踏襲する。この点の学説の状況については、萩原（1998）、君塚（2018上）173頁、君塚（2018下）114頁を参照。

高い[30]。

　こうした規則が存在する場合、次にその内容が適正なものであることが要請される。とはいえ、今日の大学の就業規則や懲戒規則の中で、明らかに適正性を欠く内容が明記されていることは稀で、実際には、著しく広汎な解釈の余地を残す漠然とした文言の恣意的な適用が問題となるケースが多い。本件も同様に、「故意に学院の名誉を害し、または信用を傷つけないこと」（就業規則3条1項）、「職務上の義務に違反し、または職務を怠ったとき」（就業規則31条1項）、「意図しているかどうかにかかわらず、相手に不快と思われる言動で人格を傷つけたり、……不適切な言動・指導を行うことにより学習環境もしくは就労環境を悪化させたと認められる行為」（就業規則31条2項）といった文言が、その適用において恣意的でなかったかという問題を含んでいる。こうした広汎な適用範囲を持ちうる規則については、必要に応じて裁判所のほうが合理的限定解釈を行う場面もあり[31]、このときの解釈による絞りの中には、当事者の合意内容とともに、労働法や憲法その他の法律による限定も必要に応じて含まれると考えるべきである。本件における上記規則はまさにそのような限定解釈を必要とする例に当たるため、「2」でこの問題を取り上げる。

　先述したように、懲戒の運用にあたっては刑罰賦課に準じた手続的適正が求められる。この点、公務員の場合には国公法74条1項および地公法27条1項によって明文規定されているが、このことは私立大学教員の懲戒処分についても当然に妥当する。懲戒条項は厳格かつ客観的に解釈して適用しなければならず[32]、懲戒処分の選択と量定の裁量については、客観的妥当性ないし公正が要求

---

30) たとえば、私立大学の自治と教授会の関係について、1979年の金沢医科大学事件地裁判決によれば、私立学校法は学長等の解任に関して何も規定しておらず、それは各私立大学の自主的決定に委ねたことの結果であるため、私立大学学長等の解任手続についても、各私立大学において内規等により自主的に定めるべきものであるから、「内規等により学長等の解任手続は教特法の規定による旨を定めた場合に初めて同法が準用される」（学長罷免等の効力停止処分申請事件、金沢地判昭和54（1979）年12月21日判タ407号102頁。）。この事例は教育職員の懲戒ではなく学長の解任という事例だが、裁判所が私立大学の人事手続について、私立大学の自治に照らして学則等の内規の重要性と拘束性を指摘している点について参照すべき判例である（佐藤（1981）7頁）。
31) 荒木（2016）458-459頁、労働法の発展については判例による補充に負う所が大きかったことの指摘として西谷（2016）256-258頁。
32) 佐藤（1982）3頁。

される[33]。

　懲戒の対象となるべき行為を規定・認定するにあたっては、一般企業であると大学であるとを問わず、労働者が自己の正当な権利を守ろうとして行った行為それ自体を懲戒の対象とすることは許されない。これに加えて、およそすべての業種・職種にはそれぞれ固有の内容や性質があることから、この内容や性質と論理必然的に衝突する服務規則や懲戒規則に基づく解雇や懲戒は、従業員の正当な就業を本質的に妨げるものであって法的に許容されない。

　この点、大学の場合にはとくに「学問の自由」を保障された機関の中での業務として行われた正当な教育研究活動について、それ自体を服務違反や懲戒の対象とすることは認められない[34]。労使間で合意している業務の内容や性質と論理必然的に衝突する服務規則や懲戒規則に基づく解雇や懲戒は、従業員の正当な就業を本質的に妨げ、労使間の合意に反するものであるため法的に許容されず、私立大学における使用者（懲戒権者、解雇権者）もこの論理の例外とはならない。被告による懲戒または予備的普通解雇は形式的には就業規則に依拠して行われているが、その適用にこの種の不条理が含まれていなかったどうかは、本件において検討を要する点となる。

　なお、先にも見たが、刑事手続における重要法理である「一事不再理」ないし「二重処罰の禁止」は、憲法39条において明文規定されている原則である。これは市民的自由を保障する上で決定的に重要なルールであるため、企業内あるいは私立学校内においても、使用者の側にその遵守が要請される。この原則を民事における懲戒にあてはめて言うと、使用者が被雇用者に一度なんらかの処分を行った後で、同じ事由を根拠として、重ねて処分を行うことは許されない。本件はこの点で適正手続違反があったことが強く疑われる事例であるた

33）　佐藤（1982）2頁。
34）　たとえば、ある教員がアクティブ・ラーニングやワークショップのように、相互対話（あるいはコミュニケーション）を伴う教育方法を導入したところ授業内の私語を注意監督しなかったとの理由で懲戒に処せられるとしたら不条理であろう。このことは、根底において「大学の自治」に支えられた事柄であることは確かだが、本意見書における適正手続の関心からは、「大学の自治」の内容や法的性格に関する議論に立ち入るまでもなく、雇用契約関係の理路から確認できる事柄である。本件を「大学の自治」の角度から考察した場合の評価は、別に提出される意見書で扱われることとなっているため、本意見書では立ち入らない。

め、「3」で詳論する。

（イ）　適用における平等性確保ないし恣意の禁止

憲法14条の要請を踏まえ、規律違反への懲戒は平等でなければならず、特定の者にだけ選択的に適用してはならない。また同じ程度の規律違反につき懲戒相当の認定や懲戒の内容・軽重などの取り扱いが不平等であってはならない。多くの構成員が軽微には規律に違背しているが概ね許容されているような事柄につき、特定の者だけが殊更に注察の対象となり規律への違背を許されず懲戒の対象となる、といったことがこれに当たる。他の構成員との比較が困難で平等性に反するかどうかが明らかでない場合でも、特定の者だけが特別に注察されて懲戒対象となったという事情がある場合、恣意的な懲戒として手続的適正の要請に反することになる。本件無断録音はこれらの問題を含む可能性があるため、「3」で詳しく検討する。

また、服務規則や懲戒規定に広汎な解釈の幅があるようなときに、特定の被雇用者のみに当該規則が適用ないし拡大適用された場合には、《懲戒規則適用における不平等ないし恣意》が生じていることになる。

（ウ）　懲戒の正当性と憲法上の人権保障

懲戒の内容および適用は、規律違反の種類・程度その他の事情に照らして正当かつ相当なものでなければならない。この点、憲法上ないし労働法上の正当な権利を行使したことが懲戒の対象となっているような場合には、この権利行使は正当行為[35]として使用者の懲戒権に優位する。本件を考察するさいには、この点が重視し、懲戒・解雇の理由となった行為は正当行為に該当する行為ではなかったか、という点を検討する必要があるため、これを「2」で検討する。

労働法上類型化されている行為（組合を結成すること、組合員であること、団体交渉や事務折衝を申し入れたことやこれを取り下げないことなど、憲法・労働法によって明示的に保障されている行為）に対して不利益処分を行うことが不当労働行為となることは、法文から明らかである（労働組合法7条、27条）。しかしそれ以外にも、労働者の側が自己の労働法上および憲法上の権利を防御するために行った協議申し入れや再考の請願、自発的に行った弁明や理解者を募る言論、自己の権利を防御するにつき必要な証拠の提供を募るための言論などは、組合

35）　刑法35条「法令又は正当な業務による行為は、罰しない。」。

活動の一環としてではなく労働者が単独で行った場合にもその内容から正当行為と見るべきであり、これ自体を懲戒の理由にすることは労働者の権利や表現の自由を保障した憲法の趣旨に反するため、こうした事情が含まれる懲戒の法的正当性は、個別的事例において判断されなければならない。懲戒・解雇の対象とされた労働者側の行為が上記の「正当行為」と認められた場合には、懲戒・解雇相当性が阻却され、当該解雇は無効と判断されるべきである。本件は、この法思考に照らして判断されるべきであるため、この点を「3」で詳論する。

(エ)　懲戒の相当性と憲法上の判断論理

上述のように労働者側の行為が正当行為と認められた場合には、これに対する懲戒・解雇は無効となるべきだが、ここで労働者側の行為が正当行為とは評価されなかった場合や、権利行使の目的は正当だったがその行使の態様が法律への違背や社会的相当性からの逸脱を含むため懲戒の対象となるものであった場合には、正当行為の理論のみで判断を完了することはできず、当該懲戒・解雇の相当性について検討すべきこととなる。

懲戒の内容は、規律違反の種類・程度その他の事情に照らして相当なものでなければならない。軽微な規律違反の場合には、そもそも懲戒の対象とすること自体が相当性を逸脱する場合もありうる。この相当性の要請は、労働法上の適正手続の要請として確立しているところではあるが、ここには憲法学において広く共有されている憲法判断の論理と同じ基本思考がある。

憲法学においては、比例原則、手段審査における規制手段の相当性審査、LRAの基準といったさまざまな判断手法が論じられ、それぞれの理論内容の詳細に違いはあるにせよ、それらに共通する基本的思考が読み取れる[36]。それは、憲法上の権利が係っている事例では、その権利の自由な行使を原則として認める方向をとることが要請されるため、これへの制約はできるだけ回避するか必要な限度までにとどめることが望ましく、ここから規制手段はその目的（除去または防止しようとする害の程度）に照らして相応の程度にとどめることが求められ、人権制約の度合いがこの必要性を超えて高い場合には、法が認める

---

[36]　比例原則とLRAの基準との理論的関係については須藤（2010）、アメリカ憲法訴訟理論を参照した手段審査およびLRAの基準の議論については、君塚（2018下）第29章、藤井（1981）第10章を参照。

相当性を逸脱していると判断する、という思考方法である。

　懲戒の相当性判断については、その根底にこうした憲法上の人権保障の論理があるのであり、これと一体的に理解する必要がある。懲戒解雇を必要とするほどの悪質行為が行われていたわけではないにもかかわらず、軽微な規律違反を根拠として懲戒解雇を決定したような場合には、この解雇は相当性を欠き無効と考えられる。また、使用者側が被雇用者の利益（とりわけ憲法上保障される利益）を害していたという事情が含まれていた場合に、そのような事情があったことを斟酌することも、相当性判断における憲法的利益衡量の一場面として要請される[37]。

　まして、本来であれば普通解雇であるべき解雇において、使用者側が普通解雇の手続き要件を満たしていないときに、軽微な違背を懲戒相当として懲戒解雇の形式をとることも、解雇に各種の手続き要件を課している労働法の趣旨を不当に免れようとするものであって解雇権および懲戒権の濫用となり、許されない。本件がこのようなケースに該当するものであるかどうかは、現段階で筆者に確認できるものではないが、状況からそうした事情が推測されることは否めず、その疑念を払拭するためには、本件懲戒解雇が実体・手続き両面において懲戒解雇としての要件を十二分に満たしていることが要請される。

　なお、刑事事件の場合には、生じた被害が軽微なものである場合、「可罰的違法性がない」として違法性が阻却され、犯罪の成立が認められないケースがある[38]。民事上の懲戒の場合にも、仮にそれが刑事事件であったならば――使用者が被る損害が軽微な損害であれば――民事上の懲戒も行われるべきではなく、この状況で敢えて解雇までの重い懲戒を強行すれば、相当性を失する点で懲戒権の濫用となる。本件はこの観点からの検討を要する事例である。

---

37) この点については、業務の無断録音に反発した被雇用者を解雇したことを無効と判断した事例があり、本件でも参照されるべきである。広沢自動車学校事件、徳島地決昭和61（1986）年11月17日労判488号46頁。

38) 可罰的違法性の法理を採用したリーディング・ケースとして「一厘事件」（大判明治43（1910）年10月11日）が有名である。本稿では、憲法と刑事法との理論的架橋の一場面としてこの法理を考察したものとして、藤井（1981）、第7章を参照。ここでは、公安事件や労働事件における刑事免責において、憲法的価値に対してあらかじめ重みを与える利益衡量が合憲限定解釈論に、具体的事例文脈における個々の利益衡量が可罰的違法性論などに反映されるとする論理構成が行われている。

（オ）　事実認定における適正手続

　使用者は、懲戒にあたって、懲戒に相当する行為の存在の確認（事実認定）をしかるべき慎重さと公正性をもって行い、告知・聴聞の機会を設けて、不利益を受ける当人に弁明の機会を与える手続を踏まねばならない。この原則は私立大学の場合にも変わるところはない。この点において本件は検討すべき問題を含んでいる。

　本件では授業が無断で録音され、これによって収集された音声が懲戒の根拠の一つとなっているが、これとの関連では、証拠収集において無断録音がなされこれを根拠として行われた解雇を無効と判断した昭和52年判決[39]の判断基準が参照されなければならない。同判決では、プライバシーを重視する方向性が打ち出されており、この傾向は、無断録音や監視についての刑事手続の展開やGPS捜査判決[40]を通して、進展しつつあると言えよう。

　憲法上の刑事手続における適正手続の内容には、「何人もその住居、書類及び所持品について、侵入、捜索及び押収を受けることのない権利……は侵されない」との確認が含まれ、捜査機関がこれに対して侵入・捜索を行う場合には令状を示して理由を告知すべきことを定めている（憲法35条）。これは、捜査機関は正当な理由を正式な文書によって告知することなしには人の家屋に捜索押収目的で立ち入ることはできない、とのルールであるが、適正手続ルールのうちでもとくに憲法が、手続きを受ける側が有している「権利」としてこれを明文規定している点に着目すべきである。このルールは捜索の場所が私的な家屋、企業の社屋、あるいは学校であるかを問わず適用される。ここから、憲法35条の「侵入、捜索及び押収を受けることのない権利」に根拠を置くプライバシーは、職業の場であれ路上であれ、当人のコントロールに委ねられるべき物理的空間ないし情報空間において、その行動・言動・情報授受などが正当な理由なく踏査・調査または監視によって圧迫を受けることのない状態、といった意味に解される。

　憲法上の適正手続の要請は、労使関係の中で行われる懲戒においても使用者が遵守すべきルールとして参照されるのが今日の共通理解であることは先に確認した。そうであれば、自己に職業上の裁量が与えられていると期待される空

39）　東京高判昭和52（1977）年7月15日東高民時報28巻7号162頁。
40）　最大判平成29（2017）年3月15日刑集71巻3号13頁。

間に、理由を告知されることなく、懲戒・解雇といった不利益賦課を目的とした侵入・捜索が行われていた場合には、ここで憲法が明文で保障する権利が侵害されていることになる。こうした状況では、被雇用者側の行為が権利防御のための正当行為であった可能性や、使用者側の懲戒の相当性・手続きの適正性について判断するにあたっても、ここで侵害された被雇用者の権利の重さを斟酌する必要がある。本件はこの点で検討を要する事例であるため、この点を「3」で論じる。

　（カ）　懲戒決定の有効性

　行われた事実認定に基づいて懲戒の可否と内容・軽重が決定される際には、当該組織における正当な決定権者ないし決定機関において、当該決定が有効になされたことが必要である。

　大学の場合には、規律への違反があった事実を確認し、これに相応する処分を決定する機関は、通常、教授会（その長としての学長）および理事会である。懲戒・解雇の決定プロセスにおいて、ここで行われた決定が瑕疵を含むために無効となれば、この決定に基づいてなされた解雇処分も無効となる[41]。本件はその検討を要する事例である。

　この問題については、2014年の学校教育法改正によって大学における教授会の権限に変化が生じたため、この改正が本件の検討に影響を及ぼすか否かを検討しておく必要がある。

　大学の自治の根幹は、教員の人事・身分保障の問題と考えられてきた。国公立大学の場合には教育公務員特例法が直接適用され、教員の人事問題をめぐる「大学の自治」が制度的に保障されているが、私立大学における教員の人事・身分保障についてはこのような明文の保障規定が存在せず、その意味において国公立大学よりも不安定な地位にあったため、判例・学説による補強が必要であった[42]。

---

[41]　近年の判例として、「（学部長解任決議をした理事会の判断につき）その判断の基礎とされた重要な事実に誤認があること等により重要な事実の基礎を欠くこととなる場合、又は、事実に対する評価が明らかに合理性を欠くこと、判断の過程において考慮すべき事情を考慮しないこと等により、その判断が合理性を持つ判断として許容される限度を超えた不当なものである場合には、当該解任権の行使は権利の濫用に当たり許されない」とした判決がある（東京地判平成28（2016）年3月31日、LEX/DB文献番号25534485）。

[42]　佐藤（1981）、松元（1998）。教職員の身分保障に関する歴史的な背景を、主に大学自↗

2014年の学校教育法改正以前は、大学における教授会は、同法93条によって議決権を有する必置機関として規定され、「重要な事項」（同95条1項）を審議することによって大学の管理、運営の中核をなすものとされていた。ただし、何が「重要な事項」にあたるかについては「大学の自治」すなわち「教授会の自治」に委ねられていると解釈された[43]。これに伴い、教員人事は、憲法上の「学問の自由」から導出される「大学の自治」の要請として教授会の審議によるべき「重要事項」と解され、判例もこの理解を採用してきた[44]。ところが2014年の改正によって、教授会は「意見を述べる」諮問機関へとその性格を変えることとなり、現在では、同規定の第1項にあった「重要な事項」という文言は削除され、同条2項の3および3項において、教授会は、学長（3項では学長等）が「定めるもの」について、あるいはその「求め」に応じて、「意見を述べる」ものとされている。具体的には、教授会で「意見を述べる」とされている必須事項は学生の入学、卒業、単位・学位認定などの教学事項に限定され、人事や懲戒については規定が設けられなかった。しかし、この規定の下でも、「大学の自治」の趣旨からすれば、各大学の組織内で、「学長」ないし「学長等」の意思に基いて自主的に、教授会において「意見」にとどめず議決までを行うことは妨げないと解すべきである。本件はその例と考えられる。

　ところで、私立大学教員の懲戒処分は、「経営権」と「教学権」との関係にかかわる特殊な形態をとる[45]。私立大学教員には労働基準法が適用されるので、懲戒処分問題は就業規則との関係が問われる。懲戒に関する就業規則上の審議機関は一般に賞罰委員会などとなり、本件被告の就業規則では懲戒権者である理事長に意見を述べる「懲戒諮問委員会」の設置が義務づけられているが、教育法上の審議機関は教授会である。ただし2014年以降は上記学校教育法93条の

＼治・学問の自由保障の観点から考察した研究報告書として、大場（2003）も参照。

43)　佐藤（1981）2頁。

44)　神戸地判昭和54年1月21日。同判決は、教授会による専門的審査を「教授会の最も重要な機能の一つ」として位置付け、その審査は「教授会の自治が十分保障されてはじめて所期の目的を達しうる」ものとしている。この判示事項は、学説によっても、高度の専門性を有する大学教員の適格性審査にあたっては、教授会が外部から独立して行うことが学校教育法52条の趣旨からして望ましいという観点から支持されている（永井・中村（2004）191-197頁）。

45)　懲戒と「大学の自治」と「私的自治」の関係については、松元（1998）、佐藤（1982）、市川（2004）などを参照した。

改正により、大学組織における教授会は、決定権を持つ学長に対して「意見を述べる」諮問機関の役割を担うものとなった（現行93条1項）ことは、前述の通りである。

2014年の学校教育法改正以前には、人事については「重要事項」として教授会の審議を経ることが手続上の不可欠の要素と理解され、判例をみても、懲戒（解雇を含む）や解雇は教授会の議を経なければならない（これがない場合は解雇無効）とした判決が存在していた[46]。判例の全体的傾向としては、教授会の審議を経ることという要件は2014年法改正以前から消極的に位置付けられつつあったことが窺われるが、教授会審議にかからせることが望ましいとの見解が論じられていることもまた確かであり[47]、本件のように議案を教授会の審議・議決にかからしめることはそれ自体としては望ましい方向として是認される。

ここで確認されるべきことは、2014年の改正を通じて学長の権限が強化されたとはいえ、それは、あくまで教学組織としての教授会とその長としての学長の権限割当の変更に過ぎないものであって、理事の一員としての学長に教授会（教学組織）と切り離された経営上の観点のみに基づく広範な裁量の余地と単独決定の権限を与えたものではないという点である。また、この規定の下でも学長は、その権限によって、特定の議案を教授会の議決に委ねることができる。本件はそのような例である。教授会における議決の有効性については、本件の重要論点と考えられるため、「3」において詳述する。

（キ）　人格権侵害

上記（ア）から（カ）までは懲戒とくに懲戒解雇に関する適正手続の問題であり、使用者（懲戒権者）においてこれらに違反があった場合には当該解雇は無効と判断されることになる。

これらの問題に加えて、当該手続きの進行過程で労働者側に精神的損害ないし人格権侵害が生じていた場合には、その権利侵害に起因する不法行為について検討する必要が生じる。これは、当該解雇の有効無効の問題からは独立して、別途成立しうるものである。

こうした人格権侵害は、事後的な賠償をもって救済するものであり、解雇無

46）　名城大学教授懲戒解雇事件解雇無効確認請求事件（名古屋地判昭和36（1961）年2月13日労民12巻1号57頁）。
47）　永井・中村（2004）191頁以下とくに205頁。

効の確認を求める主張とは異なるため、本件原告の解雇無効の主張が認められるか否かという問題とは独立して検討されるべきである。手続きの進行から発生した損害について、手続きの有効無効とは別にこの損害を評価しなければならないことについては、一般企業と私立大学で異なるところはない。むしろ大学教員の場合、使用者との間で合意された担当領域枠内での教授内容形成および教室内での授業運営を教員の裁量に委ねることが通例となっていると言えるので、当該の教員の側にこうした信頼関係に基づく裁量が認められている（信頼関係を損なう無断録音などはなされていない）と期待するのが普通であろう。ここで当人の了解を得ずに無断録音という形で授業空間に侵入することは、この期待を損なう行為である点で労働者の人格権を侵害している可能性が高い[48]。

（4）小　括

　懲戒解雇は、制裁としての性格を強く帯びるものであり、不利益を受ける側にとってみれば経済的不利益のみにとどまらず社会的信用の低下やスティグマを伴う点で、刑事罰に準じる深刻なものである。そのため、こうした不利益処分を行うにあたっては、使用者は、刑事手続における「法の適正手続」に準じる手続の遵守が求められる。これは、労働者の権利保障を目的とする憲法27条、28条の趣旨からして当然の理であり、また、自己の権利を守ろうとすることを不利益賦課の理由としてはならないという、人権保障の根底にある原理原則に照らしても確認されるべきことである。そして、私立大学も労使関係という側面を持つ以上、労使間で行われる懲戒や解雇については、使用者である大学は、同じ要請を受ける。

　本意見書前半にあたる「2」では、このことを確認し、憲法および労働法によって要請される適正手続の内容を整理し、ここから本件における解雇の有効性をめぐって検討すべき論点を抽出した。検討すべき主たる論点は、解雇決定の要となった教授会決定の有効性、授業無断録音の適正手続違反性、教授会決定のさいに重要な判断根拠とされたと考えられる名誉毀損の有無、および原告が教授会決定によって要求された謝罪を行ったかどうかである。これについて、「3」でより具体的に検討することとする。

---

[48]　「労働者人格権」という視覚からこれらの問題を構成する議論として、角田（2014）。この部分への「大学の自治」の視角からの検討は他稿に譲る。

3　本件の問題点と本意見書の見解

　私立大学において懲戒(とりわけ懲戒解雇という重大な不利益賦課)を行う際に求められる適正手続の内容については、先に述べた通りである。以下では、この内容に照らして、被告の行った解雇が手続き面から見て有効なものと言えるかどうかについて検討する。具体的には、本件懲戒解雇(および予備的普通解雇)を適正手続の観点から見たとき、教授会における審議および議決の前提に瑕疵があり無効であったことが強く疑われる。教授会の議決が無効であるならば本件解雇は無効であるため、この点につき検討する。

　次に、教授会における議決が有効であったと仮定して、本件懲戒が一事不再理や二重処罰の禁止といった適正手続原則に反するものでなかったか、本件被告が行った事実認定が手続的適正の要件を満たすものであったかどうか、原告の側に正当行為と認められる事情がなかったか、本件懲戒が相当性を逸脱するものでなかったかという点について検討する。教授会には「大学の自治」によって一定の裁量が認められているが、その裁量に基いて特定の者に不利益処分を課す際には、これまで見てきたように人権保障と適正手続の見地から一定の要件を満たすことが必要となり、これを欠くものは無効と判断するのが確立した判例法理である[49]。これらに関する考察の中で、本件の解雇手続に伴う被告の行為が原告の人格権を侵害するものでなかったかどうかについても、併せて考察する。

(1) 本件教授会の決定は無効

　大学における懲戒手続が適正なものとして成立していると言えるためには、先に見た懲戒における適正手続の一般的要件のうち、審議および決定がしかるべき決定権者によって有効になされたこと、その前提として適正な調査に基づく公正な調査報告が決定権者に共有されたことが重大な要件となる。ここで公正な調査報告とは、決定権者が決定を行うにあたって必要な判断材料となるべき情報に、誤謬、重要事項の欠落、事実や評価に関する誇張や不当な看過・過

---

[49] このことを示した判例として、最判昭和48(1973)年9月14日民集27巻8号925頁、最判平成18(2006)年11月2日民集60巻9号3249頁を参照。

小評価等がないことを意味する。ここで手続的適正性が認められず当該の決定が無効となったときには、その余の論点を検討するまでもなく当該懲戒・解雇は無効となる。本件はこの例に該当すると考えられるため、この部分をまず検討する。

(i) 教授会議事において必要な基礎情報

(ア) 大学教員に対する懲戒処分手続と決定権限

まず、本件懲戒解雇を決定した教授会（以下、「本件教授会」という）が有効に開催されたこと、本件懲戒解雇がこれを議案とした本件教授会の議決に委ねられたことについては、前述の「2」の（3）の(iv)の（カ）で行った考察から、法的に見て問題はない。2014年（平成26年）以降、学長の決定権限を教授会に対して優位させる方向の改正が行われたが、ある議案について学長と教授会構成員の意思に基づいて教授会の議決に委ねることは差し支えない[50]。したがって、本件で、本件懲戒・解雇が教授会の審議と議決によって決定されたことについては法的に見て問題はない。その上で、本件では、当該議決の基礎となる事実情報ならびにその事実への法的評価に誤りや不正確さが含まれていたと考えられるため、その議決の有効性が疑われる。

本件の教授会決定の有効性を判断するに当たっては、判断の基礎となる前提を欠いているとの理由から特定構成員への解任決議を無効とした平成28年の東京地裁判決が、参照されるべきである。ここでは、「（学部長解任決議をした理事会の判断につき）その判断の基礎とされた重要な事実に誤認があること等により重要な事実の基礎を欠くこととなる場合、又は、事実に対する評価が明らかに合理性を欠くこと、判断の過程において考慮すべき事情を考慮しないこと等により、その判断が合理性を持つ判断として許容される限度を超えた不当なものである場合には、当該解任権の行使は権利の濫用に当たり許されない」と判示された[51]。

---

50) 関連して、仮にある大学が、教授会における審議・決定よりも学長の決定権限を優位させる慣習ルールを事実上採用していたとしても、学長・教授会の一致した決議によって決せられた議決事項について、その決定に瑕疵があり無効となった場合には、後から学長の意思を当該教授会の意思から分離して学長単独決定によって当該議決を有効とすることはできないと考えられる。

51) 東京地判平成28（2016）年3月31日、LEX/DB文献番号25534485。

（イ）　本件教授会における判断の基礎

　上記の点を、本件事案に照らして考察すると、本件教授会構成員が原告の解雇を決定するに当たって判断材料として知るべきであった情報は、以下に関する、重要部分に欠落や歪曲のない情報である。

　　①　本件被告が主張する懲戒解雇および普通解雇の根拠となる事実。
　　②　当該事実に対する評価（規律違反に該当する、業務命令に反している、違法行為である、などの評価）。
　　③　被告の側の適正手続違反の有無、および、適正手続原則に関する基本知識。たとえば、教授会においてある決定をすることが、不適切な証拠に基づくものとなっていないか、またその決定が重要な法原則に抵触するものとなっていないか、に関する知識と認識。

　①については、現時点では、原告と被告の証言が大きく違っているため、本意見書ではこの内容については保留とした上で議論を進めざるを得ないが、少なくとも現段階での証人尋問調書や原告・被告双方の書面を見る限り、被告の認識および評価のみを確実なものとして斟酌し、原告のそれは顧慮しない、という姿勢をとることは公正とは言えない。

　また②に関して言えば、被告の側には、社会通念上、懲戒事由には至らない程度の軽微な事柄を殊更に重大視していないか、との疑問を禁じ得ない。とくに被告は原告の言動を「名誉毀損」「不法行為」といった言葉で表現していることが各種書面および録音からの反訳から読み取れるが、原告の言論は法的見地からは名誉毀損には該当せず、テスト用紙やレポート用紙の欄外に情報提供を求めるメッセージを記載したことも、それ自体では不法行為に当たるものではなく、仮にそうであっても、自己の権利防御のための情報収集であるから労働者としての正当行為と言える。このことを教授会構成員が理解していたか問うべきであろう。

　③については、原告の授業を被告が無断で録音して懲戒の根拠としたことが、法的に見て重大な問題であることの認識が共有されていたか。さらに、教授会構成員は、本件解雇の決定がそれ以前に行われていた厳重注意や懲戒降格処分、特別研究期間取り消しなどとの関係で、二重処罰の禁止に抵触するものであり、法的に重大な問題を惹き起こすことを知っていたか、問うべきであろう。

本来、これらの事柄に疑義が生じているときには（本件では原告の代理人が再三にわたってこの問題を指摘する通知を行っている）、大学法人側の法的見解のみに依拠して一方的に手続きを進めることを慎み、懲戒および解雇の手続きを中断して、法律的見解がある程度確定するのを待ってから手続を再開することが期待される。この点、本件教授会では、上記①から③までのすべてについて判断の基礎を欠いていたために議決の有効性を維持することはできないのではないか。

　本件懲戒・解雇に係る教授会は２度開催されてはいるが、被告が教授会構成員の議決のために提供した情報は本件審理のために提供されたものと同じ内容か、または本件審理の過程で原告および原告代理人が明らかにした内容（録音された教授会における発言内容）であった。しかし本件証人尋問からは、原告の事実認識と被告の事実認識が大きく違っていること、また、同じ事実（原告の教科書内での言論や教室内での発言）に対する認識が大きく違っていることが読み取れる。この状況で教授会に共有されるべき情報は、このように著しい乖離・衝突のある複数の事実認識、およびそれらが「不法行為」や「名誉毀損」などに該当するかどうかに関する複数の相対立する見解が存在すること、であったはずである。しかし現実にはそうでなかったことが、資料からは強く推知される。

　議決に参加する教授会構成員は、自らが参与する決定が違法性を含む可能性が高いことを認識していたならば、異なる意思表示を行っていたか、少なくともこの時点で議決を行うことを躊躇し、原告において問われている解雇事由のそれぞれに関する法的評価が明確になるまでは議決を延期すべきであるとの判断に至るのが通常と思われる。この点で、構成員が共有すべき基礎情報に重大な欠落ないし誤謬があった場合には、これに基づいて行われた教授会の議決は、有効に成立しているとは認められない。

　以上のような理由から、本件においては、手続き面で懲戒権ないし解雇権の適正な行使を逸脱する濫用があったこと、および、このことの認識が欠けていた状態で行われた教授会決定は、判断の基礎が欠けていたために無効であったことが疑われるため、この点について詳細な検討を要する。

　(ii) **名誉毀損への該当性**　本件教授会での懲戒解雇決定は、原告の言動が名誉毀損に該当する、との評価を前提になされていた。しかしその評価は法的に

見ると誤っている。[52]教授会構成員の中に、法律を専門分野としている者はいないことから、上記の法律解釈を正しいものと信じて議決の根拠としていたと考えられる。これは会議体構成員にとって判断・意思表示に必要な情報に誤りがあったということを意味する。このように必要な前提条件を欠いた状態での議決は、無効と考えられる。

　本件で被告が用いていた「名誉毀損」という言葉は、被告の就業規則に明記されている「学院の名誉または信用を毀損する不当な行為」（就業規則31条5項）を指していると思われるが、同時にこの言葉は法律上の犯罪または不法行為を表す言葉でもある。構成員の多くはこの言葉に、大学内の規則違反の問題と、学外であったならば法的問題となるような重大な違背のイメージとを重ね合わせていたと考えるのが自然である。

　一般に、刑事事件における犯罪であれ、民事上の不法行為であれ、社会で違法行為とされている行為に該当することを行った、との評価を受けることは被雇用者にとって致命的なものとなる。たとえば、被告の就業規則中には、「窃盗、横領等の刑法犯に該当する行為があったとき、または有罪判決を受けたとき」（31条7項）との懲戒事由規定がある。なんらかの犯罪行為を行った（または有罪判決を受けた）との事実が前提として存する場合には、大学（教授会および理事会）はその事実認定に独自の手間を費やすことなく、その法的・社会的評価を前提に、ほぼ自動的に懲戒免職の判断を下すことが多い。本件教授会決定も、そのような思考に則って、原告の言論が大学の社会的信用を実際に貶めるものだったか、また学生・保護者と大学の間の信頼関係を損なうものと言えるか等を立ち入って吟味することなく、「違法行為に該当するならば懲戒解雇は当然」との了解のもとに審議と議決を行った可能性が高い。ここでは事実に誤認があったことに加え、この事実に対する評価も合理性を欠いている。[53]このように本件議決はその判断の基礎に決定的な誤謬を含んでいるため、その議決による決定は有効なものとは認められない。

　(iii)　**適正手続違反**

　(ア)　**無断録音の違法性と証拠能力**

　大学側が行った授業無断録音がこれまでの裁判例からすれば適正手続に反す

---

52)　この点について詳細は（3）「**名誉毀損への該当性**」で後述する。
53)　この点について詳細は（3）「**名誉毀損への該当性**」で後述する。

るとともに人格権を侵害している可能性が高いことも、本件教授会構成員は認識していなかったと考えられる。本件教授会構成員は、原告の発言内容について共有された情報が正当な証拠であるとの信頼をもって、これを判断の根拠としていたと考えられる。しかしこれは、証拠として採用するには不適切な事実情報であった。[54] これは会議体構成員にとって判断に必要な情報に手続き面での誤謬があったということを意味する。このように適正性の観点から必要とされる前提条件を欠いた議決は、有効なものとして維持することはできない。

（イ）　手続き中断の申し入れへの対応

原告は、自分の言動について謝罪を求められたさいに、弁護士に相談し、手続を中断してほしい旨を書面で大学側に申し入れている。ここには謝罪をすれば過ちを自ら認めたことになるため、これが解雇の決定的な理由にされてしまうのではないかとの危惧感があったことが、証拠資料および筆者が原告から得た談話から理解できる。

大学側は原告からのこの申し入れを受け入れず、懲戒手続（教授会審議）を継続し、懲戒解雇を決定しているが、本来であれば法律解釈に疑義がある場合、これについて公平な見地から専門家による見解が出されるまでは、手続きを保留すべきであった。ここで大学側の一方的解釈に基づいて教授会での議決が行われたこと、結果的にこの一方的解釈が法的に見て誤りであったことを考え合わせれば、[55] この議決によって決した本件教授会決定は、その前提となる基礎に重大な過誤があった、と言わなければならない。

（ウ）　告知・聴聞など弁明の機会の保障

懲戒を決定・実行するにあたっては、雇用者は、懲戒に相当する行為があったことの確認（事実認定）をしかるべき慎重さと公正性をもって行い、不利益を受ける当人に弁明の機会を与えるなどの手続きを踏まねばならない（適正手続）。

本件では、この手続が行われていたとは言えない。[56] 被告は懲戒解雇が決定した後に、その旨を書面にて原告に告知し、弁明の機会を設ける旨の告知もその書面中で併せて行っているが、憲法が31条以下の適正手続条項で保障している

---

54)　この点については（2）の(ii)「**事実認定に係る手続違反**」の項目で後述する。
55)　この点について詳細は（3）「**名誉毀損への該当性**」で後述する。
56)　この点については（2）の(ii)の（イ）「告知・聴聞など弁明の機会の保障」で後述する。

のは、不利益を受ける者が判決に至る前の段階で理由を知り弁明の機会を得ることである。一連の適正手続が民事の懲戒手続においても要請されることからすると、告知・聴聞は、懲戒に関する決定が行われる前の調査段階で行われることが必要である。これを本件にあてはめるならば、被告は教授会決定よりも前の事実調査の段階でこの告知・聴聞を実施していなければならなかったところ、これを行わないまま無断録音を含む事実の調査を続け、懲戒解雇処分を決定した後にはじめてその旨を原告宛に正式に「告知」し、聴聞の機会を設けることを伝えている。これは、「法の適正手続」が要求する「告知と聴聞」の要件を満たすものとは言えない。

たとえば、刑事裁判における裁判員裁判でも、裁判員は、各種の証拠や証言が適法に得られたものであるという前提があってはじめて、判断を行うことができる。本件解雇の決定に参与した教授会構成員は、こうした手続きにおいて欠落がないものと信頼した上で判断と議決に臨んでいると考えられる。したがって、この部分に瑕疵があったことは議決の前提となる基礎が欠落していたと言わざるを得ず、本件教授会決定は無効と考えられる。

(ⅳ) 「大学の自治」と議決の有効性

（ア） 議決に必要な基礎と「大学の自治」

本件については、このように本件教授会決定を無効と見ることは、「大学の自治」の本質とされる「教授会自治」に反することにはならず、むしろこれらの原則に照らした場合にこそ採らざるを得ない見解である。前提となる情報に決定的な欠落や誤謬が存する状態で議決が行われたということは、判断および意思表示の主体である個々の教授会構成委員は「自治」の名に値する意思決定を行う機会を提供されていなかったことになるからである。

原告への懲戒処分を議案とする教授会の議決は二度行われているが[57]、「大学の自治」として教授会を重視・尊重すればこそ、その議決の根拠となるべき情報に誤謬や著しい欠落が含まれていた場合には、この教授会の決定は無効となると判断すべきである。

とりわけ、原告が教授会決定に基づいて要請された学生への謝罪を行わな

---

[57] これに関して本件教授会は、2016年2月10日、原告の懲戒降格（教授から准教授へ）と特別研究の取消を決定し、その上で2016年7月6日、原告の懲戒解雇（予備的普通解雇）を決定している。

かったことが、本件教授会において懲戒解雇の議決に至る重要な理由の一つとなっているが、証拠からするとこの点の事実認識については法的に見て過誤があり[58]、議決のための基礎となる事実情報に欠落ないし誤謬があったためにこの教授会決定は無効と言うべきことになる。本意見書で考察している労働法上の適正手続の問題は、「大学の自治」の内容に関する議論に立ち入るまでもなくこの「自治」に外から法的限界を画するものであるが、同時に、上記の結論はむしろ「自治」の趣旨を尊重する立場からの内在的帰結としても、採らざるを得ない結論である[59]。

(イ) 大学の自治・教授の自由と「不適切性」

本意見書は上述のように、本件教授会決定は判断の基礎を欠いており無効であるとの見解を採るものであるが、仮に本件教授会決定の有効性がなんらかの理由により維持されるとしても、その他の各種の手続的適正性および実体的適正性の観点から見て、本件解雇は無効と考えられる。

たとえば被雇用者の勤務中の発言や使用教科書の内容などに、仮に被告の建学精神に照らして心配憂慮する点があったとしても、そのことはそれだけで直ちに懲戒の対象とも普通解雇の対象ともなり得ないものであり、むしろ大学の自治の観点からは、教学の回路において協議調整すべき事柄であった。

---

58) この点の詳細は (4) で後述する。

59) なお、2014年の学校教育法改正によって、人事(教員の採用や懲戒、解雇に係る事柄)は法律上、教授会の審議を必要とする事項ではなくなったが、このことは本件における議決が無効であること、すなわち本件における解雇が無効であることについて、影響を及ぼさない。現行法上決定権限を有する学長が本件解雇の議案を教授会審議事項とし、議決まで行っているのだから、この議案は教授会の議決により決せられることが「大学の自治」の枠内で正当に確定した事項である。学長等および一般の教授会構成員の意思により人事議案を教授会の議決に委ねることは、「大学の自治」の原則に照らして本来望ましいことであり、2014年改正後の学校教育法93条の規定は、このことを妨げるものではない。したがって、2014年の学校教育法改正に係らず、本件解雇の議案が本件教授会の審議事項となったこと自体は正当である。その上で、上述の事情により本件教授会における議決は無効と考えられるが、付言すると、この決定内容は一度、教学組織の長である学長が、同じく教学組織の最上位決定機関である教授会において審議・議決事項とすることを決定し、これに基づいて審議と議決が行われたのであるから、教授会の議決が無効と判断された場合には、当該決定は無効という結論しか採り得ない。解雇相当という結論のみを、教授会から切り離した理事の一員としての学長単独の権限に基づいて維持することや、形式的決定権のみを有する理事会の意思に基づいて維持することはできない。

学生に批判能力、相対化能力があることを前提に、授業で多様な考え方に接する機会を与えることは、大学教育における重要な本質である。本意見書の「2」で確認したように、業種・職種からみて正当とみるべき内容あるいは当然に派生する言論動作を、懲戒・解雇の対象にすることは、懲戒の内容的相当性を失するものとなる。

なお、被告は原告に送付した「懲戒理由説明書」（甲4号証）中で、懲戒解雇事由に加えて不適切な教科書を使用したことを理由に加えた予備的普通解雇を行っている旨も記載してる。そこで、大学が普通解雇の理由として付け加えた教科書の不適切性についても、この観点から検討を加えるべきである。

「宗教」や「恋」、あるいは大学なるものの不合理さ等を議論の題材とすること、その一環として教員本人の体験談を題材とすることは、学生に批判能力や相対化能力があることが前提とされている大学教育においては、それ自体では学問の場において不適切なことと断じるべきものではない[60]。ここで適・不適が問われるとしたら、それらを論題とすること（教科書において言及すること）の可否ではなく、それを扱う教員がその題材を学術的誠実性をもって対象化しえているかどうか、または当該の教育を受ける側の学生から不快感などの訴えがあった場合にこれがハラスメント等の不適切な言動を伴っていなかったか、といった文脈においてであろう。しかし本件で提出された証拠資料を見る限り、教学の回路においてそうした協議が行われた形跡は見られず、学生からの苦情

---

[60] 社会学や哲学などの学術領域では、20世紀初頭から隆盛した精神分析学（フロイトからラカン等にいたる流れ）や、ギデンズ、フーコーなどの著名な学者に代表される歴史社会学ないし社会哲学と言われる学問分野が、「エロス」「恋愛」の概念の問い直しやその政治性・社会統制の手段としての側面について考察しており、さらには LGBT の権利問題が法的政治的論題として認知されるに至って、《人間の恋愛ないし性愛なる現象は学術的考察の対象となる》との共通理解がすでに確立している。また、これらの社会文化規範を相対化し考察対象とすることと表裏をなす事柄として、これらの社会文化規範を自明の倫理として支えてきた「宗教」を自明視せず相対化することも、倫理・哲学・思想といった分野の学術においては必要かつ正当な思考作法として共有されている。また、そうした論題を身近なわかりやすい例に置き換えて議論しようとするさいに、他者の（とくに授業参加中の学生の）プライバシーやセンシティブ情報に立ち入って題材化することは望ましくない。これに対して教員が自己の経験を自ら題材として開陳することは、選択しうる可視化手法である。同じく、その場に存在しない架空の人物を即興的に創作してこれとの架空の会話を演じることも、落語と類似のプレゼンテーション・スキルとして評価できるものであって、授業の演出上、教員が原則として自由に選択できる教授方法の一つである。

があったといった事情も見出せない。

　こうした事情が見出せず、被告の業務になんらかの実害を与えているという事情や因果関係も法的に確知できず、法律に違背すると言える行為（名誉毀損や不法行為）もない中で、原告の実践するこれらの手法を「不快」あるいは「不適切」と感じる構成員が存在したとき、これはまだ規則違反や解雇事由に問うべきではない選好の問題と見るべきである。各大学——とくにその学校固有の建学精神を持つ私立大学——には、この選好（たとえば信仰）の共有を関心事とすることが一定限度で認められるが、この場合の選好は労使間における規則違反や解雇事由の問題としてではなく、教育方針の共有という教学の問題として原告と被告の間で協議されるべき問題であることが、「大学の自治」からは要請される。しかしこうした協議は、本件証拠資料を見る限り、行われていない。[62]

　原告の学内での言動および教科書として使用している書籍内での言論が、こうした選好に基づく不快感のみを根拠として、教学の協議事項ではなく就業規則中の普通解雇事由に該当すると判断されたのだとすれば、ここでは使用者としての大学が、本来教学事項であるべき事柄の検討資格を簒奪したということになり、「学問の自由」の深刻な自己否定があったことになる。

（2）適正手続の一般原則への違反

　本意見書は、本件解雇はこれを決定した教授会の議決が無効であるために無効であるとの見解を採るものであるが、仮になんらかの理由で本件教授会決定が有効であるとの見方が採られた場合であっても、適正手続に関する各種の法原則への違反があるため、この観点から見て本件懲戒解雇は無効と判断すべきであると考えている。以下の適正手続違反に関する考察は、本件教授会議決の基礎に瑕疵があったことの論証となると同時に、仮に本件教授会決定をそれとしては維持する立場を採ったとしても、本件解雇が労使間の事項として法（労働法規およびその背後にある民法、刑法、憲法の重要原則）の要請に違背するために無効であることの論述となる。

---

61)　この点については、(2)の(ii)の(ウ)「大学の業務に支障が生じたことと原告の言動との因果関係」において後述する。
62)　この点については、(2)の(iii)「**大学における業務の提供と解雇事由**」で検討する。

（ⅰ）**一事不再理または二重処罰の禁止原則への違反**　罪刑法定主義の原則からは、根拠となる規律が公平で明確でなければならないことと並んで、刑事法全体に通じる重要法理である「一事不再理」ないし「二重処罰の禁止」の原則が導かれる。これらの原則は、本意見書「２」でも見た通り、憲法39条によって明文化されている重要原則であり、憲法および刑法が関心事とする《市民的自由の確保》という課題にとって不可欠の原則である。また、これも「２」で確認したとおり、およそ法というものは、その法を信頼して行動した者がそのことのゆえに不利益を受けるという不条理を回避するものでなくては、法の名に値しない。この不条理の回避の一内容として、ある行為について刑事責任に問われた者は、当該の刑事責任が確定したならば、同じ行為について重ねて訴追・刑罰の対象とされることはない、という一事不再理の原則が存在する。これは、当該の行為を行った者にしてみれば、当該行為に関する刑事責任がいったん確定したならば、その行為に関する制裁は終了したと信頼する資格を法によって与えられる、ということである。この憲法上の原則は、刑事手続の重要な原則として共有されており、また、懲戒というものが有する刑事罰類似の制裁的性格に鑑み、民事の領域で行われる懲戒処分においても受容されるべき原則である。したがって、使用者が被雇用者に一度なんらかの処分を行った後で、同じ事由に対して重ねて処分を行うことは許されない。

　この原則に照らして本件を見ると、被告は、一度、原告を厳重注意に処すると共に、教授から准教授への懲戒降格に処し、更には原告に対して承認していた特別研究期間（サバティカル）を撤回した。職位の降格や決まっていた特別研究期間の撤回は、原告に重大な不利益を課すことに当たる[63]。本件懲戒解雇処分は、こうした処分がすでになされていたにも拘わらず、その後、同じ事由に対して決定されている。これは、一事不再理に該当する。

　本件解雇は、これを決定した教授会の議決が無効と考えられるために無効であるとの見解を先に述べたが、仮になんらかの理由で本件教授会決定が有効で

---

[63]　職位の降格については、被告大学においては教授と准教授との間では定年年齢に8歳の開きがあり、生涯賃金にも大きな差が出ることなどからすると、この不利益は重大な現実的不利益である。また、被告の「特別研究制度規程」の中には特別研究期間の取り消しに関する規定は存在しないため、この取り消しが正当なものであったかどうかについても法的な問題が存することになるが、仮にこれを認めるとしたら、この不利益賦課をもって懲戒と言うべき組織内懲罰が行われていると評価できる。

あるとの見方が採られた場合であっても、適正手続に関する上記の法原則への違反があるため、適正手続の観点から見て本件懲戒解雇は無効と判断すべきことになる。

(ii) 事実認定に係る手続違反

(ア) 無断録音の法的問題性と原告の正当行為

まず、原告の使用教科書および授業内の発言について、大学管理職担当者が何らかの憂慮と実態把握の必要性を感じたとしても、前述の通り、まずもって行われるべきは教学事項としての協議である。それでは解決に達し得ない問題が生じていると判断された場合には、管理職側と当該教員との個別面談を行い当該教員に弁明の機会を設けるなどの手続きが行われなくてはならない。そのような手続を経ずに、当人の了解を得ずに授業の無断録音を行うということは、判例も指摘する通り、人格権の侵害をも惹起し得るものであるため、これを教授会における議決の根拠とすることはできず、仮に教授会決定の有効性の問題を措くとしても、手続としての適正性は認められないと言うべきである。[64]

これについては、本件甲28号証としても提出されている目黒高校教諭解雇事件東京地裁判決を参照されたい。この判決では、校長が教諭の同意なしに行った全授業内容の録音を根拠とする解雇を、その方法が相当性を欠くため、授業内容の当否を論ずるまでもなく教育基本法10条1項にいう「不当な支配」に該

---

[64] 仮に本件無断録音によって収集された音声が懲戒の認定を妨げるものではないと判断されたとしても、適正手続違反による解雇無効の主張とは別に、「人格権」への侵害が成立する。会社側による労働監視目的でのテープレコーダーの無断設置について人格権侵害となりうることを認めた判例として、広沢自動車学校事件判決（徳島地決昭和61（1986）年11月17日労判488号46頁。昨今では、多くの企業が業務の録音・録画を行っているが、これらと本件のような無断録音を同列にとらえることは誤りである。たとえば、多くの企業が電話での苦情受付については録音を実施しているが、これは従業者が心理的負担となる言論にさらされやすいことから、過剰なまたは従業者の責めに帰すべきでない負担が従業者にかかることを防ぐために行われているのであり、録音を行うことは通常、会話の冒頭で告知される。近年ではタクシー会社がタクシー内に録音機や録画機を導入する傾向にあるが、これも密閉度の高い業務場所で顧客との間にトラブルがあった場合や交通規則違反に問われた場合の従業者（運転手）の責任の有無・程度を公正に把握するためのものであって、従業者の安定的な業務環境を守るために従業者の了解を得て導入されているものである。こうした事例が増えている一方で、不当な監視・侵入を受けない権利を確立するための「適正手続」の法理の共有と「人格権」の法理の構築も、喫緊の課題である。本件における無断録音はこちらの問題系に属する。

第3章　懲戒における適正手続の観点から見た解雇の有効性

当するため、公の秩序に反する権利の濫用に当たるとした[65]。

　この点については、自動車教習所における業務の無断録音に反発した被雇用者の解雇を無効とした昭和61年の判例が参照されるべきである。ここでは、懲戒対象行為の相当性判断における傍論の中で、録音機の一方的導入が当人を心理的圧迫にさらすこと、これに反発した被雇用者の言動を直ちに懲戒の対象とすることは法の是認するところではないことが確認されている[66]。また、この事例では、企業側が配慮すべきだった事柄として、被雇用者の人格的自律とともに教習を受ける受講者のプライバシーが指摘されているが、この構図は、大学教室内での教員と学生とのやり取りを大学側が無断録音するという行為にも当てはまる。大学は原告の職業上の人格的自律を害するのみでなく、その空間にいる学生のプライバシーを害していたことにもなるのであって、このことは本件無断録音の手続きとしての違法性および原告の人格権侵害について判断するさいの利益衡量において斟酌されるべき要素である。

　この問題領域に関わる判例としては、他にも、企業が従業員のロッカー内や荷物を無断調査した事例、職場モニタリングへの非協力に対して不利益処分を課した事例などで、企業側の行為が違法とされている[67]。こうした問題領域の諸

---

65)　東京地判昭和47（1972）年3月31日労民23巻2号155号。経営者の無断録音は違法とする判例としては、他に東京高判平成28（2016）年5月19日 LEX/DB 文献番号25542758があり、その評釈として日下部・神谷（2016）を参照。目黒高校教諭解雇事件を含め、一連の労使間のプライバシー侵害事例を総合的に考察した論稿として、中西（2009）を参照。

66)　広沢自動車学校事件、徳島地決昭和61（1986）年11月17日労判488号46頁。「教習車に録音機を積んで録音テープに技能教習の様子を録音することは、……録音される者が自発的にこれをするのではなく、学校管理者が指導員の教習を録音して聞くというのは、教習指導員が教習態度を監視されているかのように感じて心理的圧迫を受けるのは無理からぬところで、録音される指導員及び教習生の自由な同意なしにこれをする場合には、教習生も含め録音される側の人格権の侵害にもなりうることは否定できない。……（会社側が）これを実施したいと考えたならば、……十分協議してその納得を得るよう努力するべきであったにもかかわらず、……会社側の一方的な強行姿勢、とくに録音機を積むという会社の指示に従えない者は帰れと言われたことに対し、申請人らがこれに反発して帰宅してしまったのもやむを得ない面があり、直ちに責めることはできない……」。

67)　判例としては、使用者による労働者のロッカーの無断調査や職場内外でのモニタリングなどについて争われた関西電力事件・神戸地判昭和59（1984）年5月18日判時1135号140頁が参考となる。ここでは企業の行為が「思想、信条の自由を侵害し、自由な人間関係の形成を阻害するとともに、名誉を毀損し、その人格評価を低下せしめた」と判示された。この控訴審（大阪高判平成3（1991）年9月24日労判603号45頁）では、「労働者は使用者↗

判例からは、人格権ないしプライバシーの保護必要性を認めることを前提として、①モニタリングの目的や手段の正当性ないし合理性があったか、②労働者に対する事前告知があったか、③該当する業務従事者全体に画一的に施行していたか、ということを踏まえ、使用者側と労働者側の利益を比較衡量して判断するという思考方法が抽出される[68]。

このように要保護性が認められてきた人格権ないしプライバシー権は、憲法上の重要な権利として承認されており、同時に民法709条「不法行為」を認めるさいの前提となる「権利」として、裁判によって確立してきたものである[69]。

この権利を裁判所が重視していることを示す近年の最高裁判所判例として、平成29年のGPS捜査に関する最高裁大法廷判決を挙げることができる。ここでは適正手続の観点から、情報収集におけるプライバシーを重要な保護利益として位置付けることで、調査方法に一定の拘束を課している。判決によれば、「憲法35条は、『住居、書類及び所持品について、侵入、捜索及び押収を受けることのない権利』を規定しているところ、この規定の保障対象には、『住居、書類及び所持品』に限らずこれらに準ずる私的領域に『侵入』されることのない権利が含まれる」と判示している。この理解に基づくならば、教室運営を任されている教員の授業空間内にも、上述の拘束が妥当することとなる[70]。

一方、こうした無断録音の民事上の証拠能力と人格権侵害につき、昭和52（1977）年7月15日の東京高裁判決では、「その証拠が、著しく反社会的な手段を用いて、人の精神的肉体的自由を拘束する等の人格権侵害を伴う方法によっ

＼に対して全人格をもって奉仕する義務を負うわけではない」、「使用者は個人的生活、家庭生活、プライバシーを尊重しなければならず、観察或いは情報収集については、その程度、方法に自ずから限界がある」と判示している。これの最高裁判決（最三小判平成7（1995）年9月5日労判680号28頁）も、原判決を支持して会社側の上告を棄却している。また、被雇用者一般に使用者側のモニタリング調査への協力義務があるかが争われた富士重工事件で、最高裁は、調査が職務となっている者以外については「調査に協力することが労務提供義務を履行する上で必要かつ合理的であると認められない限り、調査協力義務を負うことはない」と判示し、調査に応じなかったことを理由とするけん責処分を無効とした（最三小判昭和52（1977）年12月13日判時873号12頁）。これらの判例と法理については、中西（2009）108-109頁を参照。

68）中西（2009）109頁。
69）プライバシー権を含む人格権全般の発展と内容については、五十嵐（2003）を参照。
70）最大判平成29（2017）年3月15日刑集71巻3号13頁。GPS捜査に関するプライバシー理解と最高裁判決については、稲谷（2017）を参照。

て採集されたものであるときは、それ自体違法の評価を受け、その証拠能力を否定されてもやむを得ない」と判示している[71]。この判例では、無断録音について「話者の同意なくしてなされた録音テープは、通常話者の一般的人格権の侵害となり得ることは明らかである」とも述べている。ここでは、人格権侵害の有無とその証拠能力とは切り離され、証拠能力の有無は、「著しく反社会的な手段を用いて人の精神的肉体的自由を拘束する等の人格権侵害を伴う方法によって採集されたものである」か否かという基準のもとで判断されている。加えて、この判決では、無断録音の証拠能力が認められない場合として、「人の精神的肉体的自由を拘束する等」の反社会的行為の存在を挙げているが、この要件を厳格に解釈して、文字通りの物理的身体拘束や暴力、有形力を行使しての脅迫などがあった場合のみに限定するべきではない。というのも、そのような手段で取得された録音音声は、無断であったかどうかを問わず、およそ証拠能力の認められるものではないことは明らかだからである。そもそも憲法31条から40条までの適正手続条項には、刑事手続から暴力を排除するという関心が貫徹されており、同38条の違法収集証拠排除法則も、その中に位置付けられるものである。このルールに基づき、民事における懲戒手続を見るならば、物理的暴力をもって採取された証拠は当然に証拠能力を失うのであって、無断録音の場合の基準として改めてこれに言及する必要はない。したがって、無断録音が証拠能力を失う場合を言う「精神的……自由を拘束する等」という基準は、録音を受ける当人の自律性が否定されている度合いに突き合わせて用いられなければならないのであり、社会的に見て自律性の保障が高く確保されるべき空間[72]については、その無断録音の相当性は反比例する形で低減すると考えるべきである。

ここで、憲法上の適正手続における違法収集証拠の排除[73]を論じるにあたり、

---

71) 東京高判昭和52（1977）年7月15日東高民時報28巻7号162頁。
72) 先に「2」において、「表現の自由」「学問の自由」などの精神的自由権への制約は、経営者の経済活動の自由を労働法などによって規制する局面に比べて、厳格にその必要性と手段の相当性が吟味されるべきことを確認した。このことに加え、大学は、高度かつ活発な精神作用を前提として成り立つ学術を専門に扱う場であるため、「学問の自由」を始めとする精神的自由権の保障がその業務の本質上とくに重要となる。こうしたことから、大学における授業空間が、自律性の保障が高く確保されるべき空間であることは当然に認められるはずである。
73) 暴力や不当に長い拘留によって得られた自白は、裁判では証拠として採用されないとする原則。

先に見た GPS 捜査に関する平成29年3月15日の最高裁判決を再び参照する。同判決では、GPS 技術を使用して無断採取した証拠は裁判では使用できない違法収集証拠であるとしている。刑事手続における適正手続の諸原則は、労使関係における懲戒・解雇の手続においても可能な限り遵守が求められることは「2」で確認した通りである。そうであれば、このような近年の裁判所の判断から見ても、手続的適正を逸脱した手段によって採取した事実情報は、証拠として正当なものと言えず、このような手法で収集された証拠を判断の重要な根拠として行われた教授会決定は無効であるとの見解は、先に述べたところである。仮にこの教授会決定の有効性の問題を措くとしても、これに基づいて行われた懲戒・解雇は無効と判断すべきである。

ところで、この点に関連して、本件被告は原告による教授会の無断録音を問題としている。しかしながら、被告の録音行為と原告の録音行為は同じ法的評価を受けるべきものではない。というのも、事実の前後関係からして、被告の無断録音行為が先に行われており、これに基づいて懲戒解雇または普通解雇の手続きが進行しており、この時、原告は、一方的に解雇されるかもしれないという危惧の中にあったからである。この中で行われた原告の無断録音行為は自己の権利を防御するための情報収集として位置付けられ、労働者としての「正当行為」と見ることができる。

それでは、被告による無断録音行為には、これと同等の正当性が認められるかどうか。

被告は準備書面において、教室内の状況は教員当人に知られず密かに行うのでなければ把握できないとして、その無断秘密録音の必要性を主張しているが、この点については、労働関係における使用者は、刑事事件における警察活動とは異なる思考をとるべきである。

教育現場における管理において必要なことは、まずは学生に対して良好な勉

---

74) この点、国立大学法人茨城大学事件における平成26年の水戸地裁判決では、無断録音によって収集された情報の証拠能力を認めているが（水戸地判平成26 (2014) 年4月11日 LEX/DB 文献番号 25503689)、このケースでは、被害を立証するという目的から正当行為として無断録音を許容しているのであって、無断録音一般を認めた趣旨と理解すべきではない。

75) 本件被告準備書面より。

76) これについては、(2) の(ⅳ)「原告の行為の正当行為該当性」で後述する。

学環境を保障すること、そして万が一教員が学生に対して問題発言などを行い授業の成立を自ら害していたり、学生をそそのかして大学の業務に支障を生じさせる行為を行わせているという疑いがあるとしたら、それを止めさせ正常な勉学環境の回復をいち早く達成することである。したがって、当該教員に、そうしたことが疑われる授業（ないしガイダンス）に他の教職員が視察聴講に出向く旨を伝えた上でこれを行うことによって管理者の危惧した言動が抑制されるのであれば、教育現場における管理上の目的はその段階で達せられることとなる。仮に、当初から被告の目的は原告を解雇することにあり、これを正当化しうる証拠を隠密に収集していたのであれば、この無断録音行為の正当性は否定される。

　ここで、念のために、被告の側に懲戒解雇または原告の責めに帰すべき事由による普通解雇とは異なる隠れた動機（雇用者側の事情）があった場合のことを仮定して、雇用者側の事情による解雇（いわゆる整理解雇）について付言しておくと、整理解雇が不当解雇に該当せずに適法に行われるためには、まず労働基準法89条にしたがってその旨記載する就業規則を整備した上で、判例によって確立された諸要件を満たすことが求められる。これについては、東洋酸素事件[77]で、①人員整理の必要性、②解雇回避努力義務の履行、③被解雇者選定の合理性、④手続きの妥当性、という四要件が示され、先例として踏襲されている。

　①から③は、裏から言えば、雇用主や職場構成員の主観的な人物好悪を動機として行われる解雇はその正当性を認められず、不当解雇となることを示している。手続の妥当性については、いかなる形式の解雇であれ、当然に要求される条件である。本件被告による解雇手続を見ると、①および③は不明、②は上述のとおり満たされているとは言いがたく、むしろ解雇を目的とした証拠収集であったことが強く推知される状況が認められる。加えて④は、①および③の事情が原告に説明されていない点および本意見書で検討された内容に鑑みると、満たされているとは言い難い。

　このような検討を総合すると、被告の主張する無断録音の正当化根拠は、教育現場の管理運営のための正当行為として支持しうるものではない。したがってこの無断録音は社会的に相当と言える限度を超えており、法的に許容される

---

[77]　東京高判昭和54（1979）年10月29日東高民時報30巻10号259頁。

ものではない。

　（イ）　告知・聴聞など弁明の機会の保障

　懲戒を決定・実行するにあたっては、雇用者は、懲戒相当行為があったことの確認（事実認定）をしかるべき慎重さと公正性をもって行い、不利益を受ける当人に弁明の機会を与えるなどの手続きを踏まねばならない（適正手続）。本件では、この手続きが遵守されていたとは言い難い。以下、この点について検討する。

　被告は懲戒解雇が決定してから、その旨を書面にて[78]原告に告知し、弁明の機会を設ける旨の告知もその書面中で併せて行っている[79]。

　民事の懲戒に手続的適正性を要求するという労働法において広く共有されている立場は、懲戒がもたらす不利益が実質的に制裁の性質を帯びることに鑑み、憲法31条以下で規定されている適正手続の本質的内容の遵守を懲戒権者にも求めるものである。したがって、ここで憲法の趣旨に立ち返って告知および聴聞の意義を確認する。憲法31条以下の適正手続に関する規定の中で、33条、35条に規定されている「令状主義」の趣旨は、捜査段階で捜査機関が被疑者の身体や住空間・職場空間や荷物などに立ち入る際に、その理由を告知しなければならない、というものである。また、取調べ段階および公判において被疑者・被告人に各種の権利が保障されているのも、有罪判決に至る前の段階で被疑者・被告人に弁明の機会を保障するという趣旨である。この趣旨からは、告知・聴聞を民事の懲戒手続において行うときにも、懲戒の有無・軽重に関する決定が行われる前の調査段階で行うことが必要である。これを本件にあてはめるならば、被告は教授会決定よりも前の事実調査の段階でこの告知・聴聞を実施していなければならないが、準備書面や証拠書面を見る限り、これが行われた形跡がない。少なくとも無断録音があったということは、この告知を行わずに事実調査に入ったということになる。原告が不利益処分を受ける可能性を自

---

78)　「懲戒事由説明書（甲4号証）」。

79)　筆者が開示を得ることのできた書面を見る限り、2016年7月6日に教授会決定、同月22日に理事会承認、8月26日に学長から原告へ懲戒事由説明書（甲4号証）の送付（9月8日に陳述の機会を設ける、または9月8日までに陳述書を送付すること、との記載あり）、9月7日に原告から学長へ反論書の送付、9月15日に学長から原告へ解雇通知の送付、という順序となっており、それ以前に懲戒理由の告知や聴聞に関する申し出があったことを示す証拠は見出せなかった。

ら察していたという事情は措くとして、被告の側からの告知と聴聞が行われないまま事実の調査が続けられ、懲戒解雇処分が決定した後にはじめてその旨が正式に「告知」され、聴聞の機会を設けることが伝えられたことになる。そうであれば、ここでは、労働法およびその背後にある憲法が要請する「法の適正手続」の一環としての「告知と聴聞」は、行われていないと言わざるを得ない。

このような手続き上の欠缺があるため、原告の懲戒解雇を決定した本件教授会決定は無効であるとの見解は先に述べた通りであるが、仮に教授会決定の有効性の問題を措くとしても、上記の手続違反は法の適正手続において本質的重要性を有する部分であるため、この部分に欠落のある本件解雇は無効と考えられる。

（ウ）　大学の業務に支障が生じたことと原告の言動との因果関係

なお、懲戒理由の一つとなり、また本件無断録音の契機ともなった出来事として、原告が授業履修登録のさいに被告の大学の登録受け付けサイトに特定日時（登録受付日の19時）に一斉に登録の送信をすることを学生に呼びかけたことが挙げられている。被告はこれによって大学のサーバーがダウンし業務に支障が生じ、またこの支障について苦情を申し入れてきた学生と保護者がいたことについて、原告が大学の業務に支障を生じさせる行為を学生に教唆したとの理解をとっている。

しかし原告が自己の行為につき認識し意図していたのは、学生に特定の時間帯に（この時間帯を原告が殊更に短く限定した事実があるかどうかは本件証人尋問でも争われているところである）履修登録届けを送信させることと、そのことによって希望する履修登録を確実に行わせようとするということであって、大学業務に混乱を惹き起こさせることではない。また客観的事実として、この送信行為と大学のサーバーがダウンしたこととの間に因果関係があることが立証されていないことは、原告代理人が準備書面で指摘している通りである。本件のような懲戒解雇は、刑事事件に関する適正手続に準じる解釈姿勢で臨む必要があることは「2」で確認したところであるが、この要請からすれば、原告の言動と被告において生じた事実との間に客観的な因果関係が認められなければならない。この因果関係については、サーバーのダウンを防ぐために大学が出した指示の逐一を正確に反映できなかったという微細な遵守不足をもって当該結果を

生ぜしめたことを推定するという「見做し」の解釈姿勢をとることはできない。この因果関係が特定できない場合には、原告の言動は、大学が出した指示の逐一を正確に消化しきれなかった、あるいは学生への指示の言葉の中にすべてを盛り込みきれなかった、というおよそ可罰的違法性を欠く微細なものにとどまり、これをもって懲戒の対象とすることは、社会的相当性を著しく逸脱するものであると言わざるを得ない。

(iii) **大学における業務の提供と解雇事由**　常識を相対化する思考技術は、通常、大学に所属し知識を提供する役割を業務として請け負った者の行いうる特殊技能として肯定されている。したがって、また、その思考技術の提供方法をさまざまに工夫することも、個々の大学教員の裁量の枠内で許容される。大学における個別的教員の業務の自律性はこうした文脈で通常のこととして肯定されているものであり、使用者である大学は、慎重なる見識をもってそれに相応しい人材を選別し、雇用していると考えられる。被告は、原告のこのような意味での自律的裁量をある時点までは肯定していたと考えられる。少なくとも、原告が、自己の所属する大学から、自己の学問・教育内容が一つのスタイルとして認められていると信じていたことには相当の理由があるといえる。

たとえば、甲31号証、甲53号証として提出された「明学ライフ」や甲55号証として提出された「明学プレス」には、原告の授業を面白いとして推奨する学生の授業紹介記事が掲載されている。これらは被告大学の在学生や卒業生が作成する冊子・新聞形式の媒体であるが、ここに「明学」という名称（明治学院大学の略称として親しまれ周知となっているもの）が使用されていることを考えると、被告が原告の授業に対して何らかの承認を与えていると見るべきである。[80]

したがって、本件において、原告が、自らの学問上および教育上のスタイルに対して被告による認諾が存在すると考えるのも無理からぬことであり、このような状況を鑑みると、被告が、原告に教科書の記述内容や授業内での言動につき改善を求めるにあたっては、手続的適正の観点に基づく義務があったと言える。具体的には、原告の書籍や授業に現れた価値態度に被告の建学精神に基づくと教育上看過できない問題があったのだとすれば、それはまず教学の回路

---

80) これらの冊子には、たとえば「この冊子は大学が公認したものではない」「この冊子に掲載されている見解は大学の見解を反映したものではない」との趣旨の断り書きは記載されていない。

で協議すべき事項であったはずである。さらに、これが被告の建学精神に基づくと教学事項を超えて雇用関係を維持できないほどに深刻な労使問題を惹き起こすものであるため、懲戒解雇または普通解雇の対象とせざるを得なかったのだとすれば、このことについて被告は告知・聴聞を行う必要があった。しかし本件で示された証拠を見る限り、この点での告知・聴聞は行われた形跡が見られない。これが行われていないのであれば、本件懲戒および不適切な教科書使用を理由とする普通解雇は、手続違反の観点から無効と判断すべきこととなる。

(ⅳ) **原告の行為の正当行為該当性**　「人権」の保障と法治国家の維持のためには、保障された権利を行使したことによって不利益を受けることはないという信頼の保護が、不可欠の前提として必要である。国政を担う三権の一部門である司法も、具体的事件の解決や、これに伴う法解釈、利益衡量のあり方を通じて、この意味での法への信頼すなわち法的安定性を維持する職責を負っている。

この論理を憲法と刑法との間で架橋する実定法上の法理としては、これまで何度か言及してきた、「正当行為」(刑法35条) がある[81]。民事における懲戒・解雇も、その不利益賦課は刑罰に準じるものであり、したがって、この刑法上の法理が参照・援用されるべきである。

本件では原告と被告の権利・利益が憲法論のレベルで衝突しているため、原告の権利の重さを憲法上の価値序列に照らして正しく斟酌する必要のあることを「2」で確認した[82]。このことから、原告の一連の行為を労働者一般としての正当行為、および精神的自由の保障を前提として成立する大学教員職について認められるべき正当行為として評価すべきと考える。したがって、本件のように被雇用者の正当行為を懲戒解雇および普通解雇の理由ないし原因とした解雇は無効であると考えられる。

授業を無断で録音されるという事態に直面して自己が解雇等の対象となっていることを危惧した原告がこのことに授業内で言及したこと(懲戒事由の一つであるテスト用紙・レポート用紙に情報提供を呼びかけるメッセージを記載したこと)は、一方的に不利益を被ることを危惧した原告が自己の権利を守るために行っ

---

81) 藤井 (1981) 179頁。
82) 「2」の (3) の(ⅳ)の (ウ)「懲戒の正当性と憲法上の人権保障」。

た情報収集行為であるから、雇用関係にある労働者としての正当行為と言うことができる。更には、大学組織外で裁判などの法的手段に訴えることを考えての情報収集行為という面もあったことからすれば、憲法32条「裁判を受ける権利」の延長として保護される行動でもある。したがって、被告は原告の言動のこの部分を理由として原告を解雇することはできない。なお、ここでの原告の発言中に特定の教員名が含まれていたことは、発言場所が公然性の要件を欠くため名誉毀損には該当しないと考えられるが、仮に本件就業規則上の名誉毀損該当性を認めるにしても、それは正当行為であることから違法性ないし懲戒事由該当性が阻却されると解するべきである。

本件で論じる「名誉毀損」は被告就業規則に規定された「学院の名誉……を不当に毀損する行為」(明治学院就業規則31条5項)を言うが、その解釈においては刑法230条における名誉毀損の要件を参照し、その適用が恣意的に拡大しないよう限定すべきである。このことは「名誉毀損」に関する項目において後述する。

(v) 懲戒の相当性

(ア) 相当性判断の理論的基礎

本意見書では、先に見た通り、本件解雇はこれを決した教授会決定が無効であるために無効、との理解を採っているが、仮に教授会決定の有効性の問題を措いたとしても、以上までの考察から、本件解雇は手続的適正性を欠いているために無効と考えている。しかし、仮に一事不再理への違反や無断録音に関する法的評価が、筆者の知り得なかったなんらかの事情によって異なるものとなり、本件解雇の有効性を失わせるものではなかったとした場合には、次に被告の懲戒解雇がそれとして相当といえる範囲内にとどまるものであったかどうかを検討する必要がある。本意見書では、以下、この論点についても考察しておきたい。

先に「2」で確認した通り、懲戒・解雇とりわけ懲戒解雇というものは不利益を科すものであると同時に実質的な制裁であるため、その認定は、刑法における厳格さに準じて慎重な解釈姿勢をもって行うべきである。こうした観点から、使用者が被る損害が軽微な損害であれば——刑事事件ならば「可罰的違法性がない」として違法性が阻却され、犯罪の成立が認められないようなケースであれば——民事上の懲戒も行われるべきではなく、この状況で敢えて解雇ま

での重い懲戒を強行すれば、相当性を失する点で懲戒権の濫用ないし逸脱というべきである。

　この時、比較衡量の対象となっているのは、使用者（被告）の被った「損害」ないし原告を解雇することによって回避される不利益の重さと、原告が行った各種の行為における原告にとっての利益の重さであるが、その前段階として、原告に保障されている権利の重さが斟酌されなければならない。この二段階の衡量の結果、被告が受けた利益侵害の重さ・深刻さが、原告の側に利益および権利の重さに勝ると認められて、初めて、原告による懲戒処分に相当性が認められることとなる。とりわけ、民事とはいえ制裁的色彩の強い懲戒解雇処分を行う以上、原告側の受ける利益侵害は極めて重いものであるため、原告側の行為に高い違法性・逸脱性が認められるのでなければならない。

　「2」で確認した通り、憲法上の人権保障の体系を踏まえるならば、私立大学という企業経営体が行う自己規律と、大学教育者の自由権に属するものとしての表現活動および授業内での教授の自由とが対峙する場面では、前者に対しては憲法上の制約が働き、労働者および一個人としての表現活動に対しては憲法によって要請される綿密な判断手順と事情斟酌が加わるのであり、この思考は本件にも反映されなければならない。したがって、本件のように、比較衡量における一方の利益が「精神的自由」および「労働者の権利」を含む場合には、上記の理論的姿勢を踏襲した綿密な利益衡量が行なわれなければならない。また、衡量されるもう一方の利益が使用者の「経済活動の自由」であることからは、本意見書の「2」で確認した通り、懲戒権者は軽微な落ち度を殊更に監視注視する姿勢をとるべきでなく、軽微と考えられるものは可罰的違法性の理論に準じて懲戒相当性を阻却することが社会的に相当な判断となるという解釈が導かれる。

　（イ）　本件における相当性の判断

　懲戒の内容は、規律違反の種類・程度その他の事情に照らして相当なものでなければならないが、上記の判断基準に照らすと、本件はそもそも懲戒の対象とすること自体が相当性を失すると考えられる。

　本件では、証拠書類等を見る限りでは、被告の側に実害（ないし被告が主張する実害と原告の言動との因果関係）があるとは認められず、原告の側には懲戒事由に該当すると言えるほどの重大な違法行為も認められない。そのため、被告

が各種の適正手続違反の危険を冒してでも原告を解雇しようとする隠れた動機があるのではないかとの疑いを禁じ得ない。たとえば、ここで仮に本件懲戒解雇の実質的理由が、原告が被告の進める運営方針（本件の場合には履修登録制度の変更）に批判的な見解（を持つ学生に同調する意見）を表明したからであったとすると、大学においてこれを懲戒解雇の理由とすることは不当または相当性を失すると言うべきであろう。

これに関する判例として、鹿児島国際大学解雇事件[83]を参照しておきたい。同事件は、鹿児島国際大学の教授3名が懲戒解雇処分は不当として地位確認などを求めた訴訟である。一審・二審ともに解雇無効と判断し、大学を運営する津曲学園に教授の地位確認と給与支払いを命じた。その後、大学側が上告したが、最高裁の上告棄却により、控訴審での原告勝訴が確定した。大学の運営方針と教員との意見対立に起因する懲戒処分につき、第二審判決は、第一審判決を引用しつつ次のように判示した。「本件大学において進行しつつあった大学改革、大学院・新学部開設をめぐり、その経営見通しや将来像の策定について教職員の間に様々な意見があるのは当然であり、……むしろ真摯に同大学の将来像を考え、意見を述べることが自らに課せられた義務であると考え、それを履践したものともいえるのであって、これをもってことさら各開設準備委員会の議事や控訴人による改革事業の妨害を狙ったものということはできない」……「上記行為が控訴人主張の懲戒事由に該当するとは認められない……」。

ある大学教員が、大学の事務のあり方について不満（を持つ学生に同調する見解）を授業内で述べたことが一部の大学構成員に不快感を与えたり、大学が採用したシステムに関する苦情は自分ではなく担当部署窓口に申し出るようにと述べたことが一部の事務職員の事務負担を増やす結果となることはありうるとしても、このこと自体を懲戒の理由とすることは、憲法上保障された「学問の自由」から派生する「教授の自由」に支えられた授業空間の自律性や、大学の事務業務のあり方に照らして、原則として許されないと言うべきである[84]。先に

---

83) 福岡高判平成18（2006）年10月27日判例集未収録。（原審・鹿児島地方裁判所平成14年（ワ）第1028号）雇用契約上の権利を有する地位の確認（解雇無効）。

84) 大学の方針に不便を感じている学生がいた場合にこの意見を汲む受け答えをし、苦情の受付先を教示することは特段の事情のない限り、日常の業務連携であり、それ自体で大学業務に対して害を及ぼす行為であるとは考えられない。たとえば教室内の机や椅子などの設備について一部の学生から不便であるとの苦情があったとき、「たしかにそれは不便だ」↗

も言及したように、こうした問題はまず教学の回路にて協議・調整を行うべきであり、また、なんらかの実害（業務の支障）が発生したことを理由として懲戒の対象とするのであれば、その害と原告の言動との間の因果関係が特定されなければならない。

ここで原告代理人準備書面にあるように、本件懲戒解雇には規則への該当性がない、と論じることは正当である[85]。同時に、仮にこれらを懲戒解雇の理由とすることが被告の就学規則第31条の懲戒事由（職務上の義務違反、「不快と思われる言動」、「学院の名誉または信用を毀損する不当な行為」など）を根拠として可能であると被告が真剣に考えていたとすると、これは過度に広汎な解釈適用の余地を残す規則を拡大適用しているという問題に当たる。これが刑罰規定であった場合には、こうした過度に広汎な文言による不利益賦課は憲法問題を提起する、との理解が、憲法と刑法にまたがる法理論として共有されている[86]。本意見書で先に確認したように、企業の懲戒規則の文言は基本的には当該企業の自由に委ねられているが、必要のあるときは、裁判所がその適用範囲を妥当な範囲にとどめるべく合理的限定解釈を行う[87]。本件で被告の有する上記就業規則は、そのまま無限定の拡大適用を許容すれば労働法の趣旨やその背後にある憲法の人権保障と衝突する内容とならざるを得ないため、こうした合理的限定解釈を必要とする。その一場面が、次に論じる名誉毀損に関する限定解釈である。

また、懲戒手続については刑事手続に準じた適正手続の遵守が求められることからすれば、刑法上の正当行為（刑法35条）や可罰的違法性の法理が参照・援用されるべきであることを先に見てきたが、これらの法理は、過度に広汎な適用範囲となる可能性を持つ規則を適正な範囲に限定するためにも、必要な法

と同調することは、一教員がなしうる通常の会話であろう。この場合に、当該の問題に一教員が対処することはできないため苦情の受付先として学務担当や施設管財担当を示唆することは通常の業務連携であって、当該部署の受付職員の業務を妨害したとの評価を受けるものとは考えられない。筆者には、本件で提出された各種の証拠書類を見る限り、本件原告の言動がこの域を超える業務妨害教唆に属するとは考えられない。

85）「訴状に代わる準備書面」平成28年12月28日提出。
86）「過度の広汎性」を持つ刑罰法規が、憲法における自由保障、刑法における罪刑法定主義のどちらから見ても法的問題を惹き起こし、アメリカの憲法訴訟理論によればこうした法規は一定の要件のもとに違憲無効の判断を受けることについて、藤井（1987）、門田（1993）を参照。
87）「2」の（3）(ⅳ)（ア）「根拠となる規律の存在とその内容の適正性」。

理である。

(3) 名誉毀損への該当性

　本意見書は、本件解雇はこれを決定した教授会の議決が無効と考えられるために無効であるとの見解を採るものであるが、仮に本件教授会決定の有効性の問題を措くとしても、懲戒相当事由の一つである名誉毀損への該当性がないこと、あるいはその適用が過度の拡大解釈に基づくものであって使用者と被雇用者との信頼関係を損なうものであることから、本件懲戒解雇は無効と判断すべきであると考えている。以下の考察は、本件教授会議決の基礎に瑕疵があったことの論証となると同時に、仮に本件教授会決定をそれとしては維持する立場を採ったとしても、本件解雇が労使間の事項として法の要請に違背するために無効であることの論述となる。

　(i)　**一方的な法律解釈の共有と議決無効**　　被告から就業規則31条5項の懲戒事由に該当するとされた原告の言動は、以下の2つに分けられる。

　（A）教科書として使用している図書（一般書籍として書店でも売られている）の中に、明治学院大学の品位を傷つける表現があったこと。[88]

　（B）大学内で、自分の授業が無断録音されていた事実を、録音資料を使用した教員の実名を出して教室内で発言し、また情報提供を求めるメッセージをテスト用紙とレポート用紙の欄外に印刷して学生に配布したこと。

　本意見書では、（A）と（B）の双方が名誉毀損の要件を満たさないか、あるいは少なくとも、当該言動は正当行為として認められるために名誉毀損としての違法性ないし懲戒事由該当性が阻却されると考えている。原告の言論について名誉毀損が成立しない以上、原告の言論が「名誉毀損に当たる」ことを判断の基礎として行われた教授会決定もまた、無効である。

　本件被告の就業規則31条5項は、先に見たように広汎な解釈可能性のある規則であるため、その適用の不当な拡大を防ぐために、法の趣旨に沿うよう解釈の幅を限定した上で適用する必要がある。[89]この「名誉または信用を毀損する」、

---

[88]　ここから派生して、この教科書には他にも大学の授業に使用するには不適切な箇所があるとの意見が大学内部で出されたが、この部分は甲4号証「告知書」によれば普通解雇事由とされている。

[89]　「3」の(2)の(v)「懲戒の相当性」。

という文言は、刑法上の「名誉毀損罪」および「信用毀損罪」に倣ったものと見られる。学内にのみ適用される就業規則の条文は、国家が制定した法律とまったく同一に解釈しなければならないものではないが、通常、これらの文言は法律条文に存在することから、これに倣ったものと見ることが常識的であり、この規則の下にある被雇用者は、これらの法律上の定義を参考にして自分の言動がこれに該当するか否かを判断しようとするのは当然であると言えよう。さらに言えば、当該組織内の構成員にとっては、こうした刑法典に明文規定のある犯罪概念が懲戒規定として就業規則内に明記されていれば、ある構成員の発言がこれに該当すると調査委員会や大学法人側顧問弁護士などが認めたとき、当該構成員が犯罪に準じる悪質な言動を行ったと信じるのが通常であろう。

したがって、こうした法律条文上の概念を流用した規則については、これに該当すると判断されたときに当人が被る不利益の重さも、刑法規程におけるものと同程度のものとなるのであり、当該の法律上の概念が社会において有している意味内容を、そのような規程の解釈の指針とすることが社会的相当性に照らして必要となる。

さらに、名誉毀損や信用毀損のように言論を対象とした法規制は、憲法21条の保障する「表現の自由」、19条の保障する「思想及び良心の自由」、23条の保障する「学問の自由」との強い緊張関係を惹き起こすと共に、その拡大解釈を許すと、当該の規則に服する構成員全体に精神的な萎縮を及ぼす可能性が高いことなどから、実際の運用・適用においても、拡大解釈や恣意的な解釈適用が起きることを防ぐさまざまな理論が共有されている。[90] 職業倫理上要請される守秘義務遵守事項を除く一般の言論については、こうした法律の解釈適用における配慮を尊重する必要がある。これは本意見書「2」で見た、憲法上の権利・価値を組み込んだ利益衡量の必要性から導かれる思考方法である。

そこで以下、被告から名誉毀損に該当するとされた原告の言論（A）（B）のそれぞれについて、法律上の名誉毀損の解釈を参考としながら、見解を論じる。

(ii) **書籍の中の大学への風刺表現の名誉毀損該当性**　　原告の言動で被告から就業規則31条5項の懲戒事由に該当するとされたもののうち（A）については、法律上の名誉毀損の成立要件である、社会的名誉を低下させる事実を摘示する

---

[90] 「萎縮効果」に関する理論および判例については、毛利（2008）を参照。

言論には該当しない[91]。なぜなら、まず、当該教科書内の「平成学院大学」が明治学院大学の品位を傷つけるものであるとの受け止め方は被告の主観的解釈であって、同書の中にはこれとは別に「明治学院大学」という名称の大学も登場しているからである。このことをも踏まえるならば、「平成学院大学」という架空の大学名のもとに描写された事柄は、日本の大学一般、あるいはいわゆるミッション系大学一般への風刺と見ることができる。社会風刺は、事実の摘示ではなく、混ぜ返しや皮肉（アイロニー）などの形をとった論評に属するものであり、憲法21条「表現の自由」の保障を受ける表現の範疇に属する。

(iii) 大学内での発言と公然性の要件、録音の違法性との関連　　（B）については、大学内における口頭での発言と、テスト用紙及びレポート用紙の欄外に書かれた発言とがある。

まず、口頭での発言は、学内・教室内で行われるため、名誉毀損の公然性要件を満たすものではない。仮に、そのような発言に公然性を認め、大学および特定教職員の信用を低下させる内容であるということで名誉毀損の該当を認めるならば、原告の言論を慎重な法的な議論を経ることなく「名誉毀損」と一方的に断定し、教授会で公表した大学側も当然に名誉毀損に問われなければならないことになると思われるが、一般に、こうした理解は採用されていない[92]。

次に、テスト用紙とレポート用紙の欄外に書かれた発言については、テスト用紙は当日の授業時に教室内で回収することを想定したものであり、レポート用紙は後日の授業時に教室内で回収することを想定したものであるから、およそ公然性は認められない。

しかし、学生がレポート用紙を持ち帰ったことを理由に、公然性のある発言だとする見解も被告から主張されている。この見解を是とする場合には、その発言内容が被告の社会的名誉を低下させる事実を指摘したものであるかどうかを検討しなければならない。そこで、この発言内容を見ると、原告は学生に対し、無断録音が行われたという事実と、当該録音音源の提供を受けてこれを資料として使用した者の氏名に言及している。この場合、授業無断録音を不法な行為、あるいは、少なくとも社会的な適切性や相当性を欠く行為と考えるなら

---

91)　名誉毀損の成立要件については、奥平（1997）131-179頁を主に参照。その他に山田（2009）、五十嵐（2003）、松井（2013）を参照。
92)　名誉毀損の成立要件については、前注91に挙げた文献を参照。

ば、大学ないし特定の教職員がこれを行ったことを公言されたことは、被告にとって社会的信用を低下させる事実情報を公言されたことになるだろうから、名誉毀損が成立しうる。しかし、被告の当該行為が雇用関係または大学の自治において正当な管理行為に属するものであると主張する立場においては、その事実の摘示は被告の社会的名誉を低下させることにはならないので、原告の言論は被告にとって、名誉毀損の要件を満たさない。被告側の無断録音が適正性を欠き不法性を帯びる行為である、との理解をとった場合にのみ、原告の言論は名誉毀損を構成しうる。

以上を踏まえると、授業の無断録音と録音資料の使用が、大学業務の管理運営上正当な行為であるならば、原告が録音資料の使用者を公表したとしても、このことが名誉毀損に当たることはない。したがって、仮に被告の無断録音と録音資料の使用に関する認識が正当であるとした場合、原告の当該言論は名誉毀損を構成せず、名誉毀損を理由とする解雇処分は認められない。

(4)「謝罪の有無」について

本意見書は、本件解雇はこれを決定した教授会の議決が無効であるために無効であるとの見解を採るものであるが、仮になんらかの理由で本件教授会決定が有効であるとの見方が採られた場合であっても、懲戒相当事由の一つである《教授会が要求した謝罪がなかった》との事実認識に誤りがあることから、本件懲戒解雇は無効であると考えている。以下の考察は、本件教授会議決の基礎に瑕疵があったことの論証となると同時に、仮に本件教授会決定をそれとしては維持する立場を採ったとしても、本件解雇が労使間の事項として法の要請に違背するために無効であることの論述となる。

(i) **本件における名誉毀損と「謝罪」との関係**　被告の名誉毀損と謝罪の有無に関しては、解雇に至ったとする被告の説明と主張は、被告が原告に宛てて発行した「告知書」(甲4号証)、「解雇通知」(甲6号証)、および準備書面から、概要以下のようにまとめられる。

被告の無断録音行為は管理上必要な行為であり不法性を帯びるものではなかったにも拘わらず、原告は学生の聴講する教室でこの行為を行った特定の教員の名を明示して不法な行為に関わっているかのような印象を与える言論を行ったものであり、この言論は被告就業規則内にある「名誉または信用を毀損

する不当な行為」（就業規則31条5項）に該当すると被告は理解した。被告は、この理解を判断の基礎とした教授会の決定に基づいて、原告に授業内で学生に対しこの件に関して謝罪することを求めたが、原告はこの謝罪を行わなかった。このため同教授会は、原告の一連の行為が懲戒解雇に相当するとの判断に基づいて懲戒解雇の決定をし、被告はこの教授会決定とこれを承認する理事会決定を経て、原告を解雇した。

しかし原告の言論は法律上の名誉毀損には該当しないこと、このように拡大解釈される可能性のある学内規則は法の趣旨に沿うよう解釈の幅を限定した上で適用すべきであることは先に見た通りである。原告は、学内での発言が名誉毀損に当たるとされた件につき、自らの言論が名誉毀損に当たると認めることは応じない形で、被告からの要求（教授会での決定）にしたがって謝罪を行った。しかし被告はこの謝罪を謝罪として認めず、原告が謝罪をしなかったとの理解に基づいて、これも解雇理由の一つとした。

(ⅱ) **業務命令として強制できる謝罪の限界**　この謝罪の経緯を本件「甲33号証の2」で提示された録音反訳に即して見ると、大学（具体的には懲戒に関する調査委員会の構成員）が、授業に立ち会っており、履修学生のいる面前で原告に謝罪を要求している。被告が原告に求めた謝罪文言の中には、原告にとって容認できない事実認識の違いが含まれており、原告はこれについて法的手続をとっている最中であるため発言を控えたい旨の発言を数度行っているが、被告調査委員会はこの弁明をいっさい認めずに、被告側が作成した謝罪の文言を原告の言葉として発声するよう求めている。

この件で原告は、「解答用紙欄外注の訂正と謝罪」として、謝罪を要求された事実を読み上げた上で、「お詫びします」との言葉を数度、発している。このことを被告の調査委員会は「謝罪していない」と断じているが、この認識の前提には、本人が内心から非を認めて謝罪することが「謝罪」であるという価値観が存在することが本件「甲33号証の2」の「残念」といった発言から推測される。しかし当人の内心から発した謝罪か、業務命令に従った謝罪であることを明示しての謝罪かは法的には問題ではなく[93]、法的・客観的事実としては記

---

93)　最高裁は、謝罪広告事件（最大判昭和31（1956）年7月4日民集10巻7号785頁）で、謝罪広告は「単に事態の真相を告白し陳謝の意を表明するに止まる」ものであるとの理解をとった上で、これを命じることは「倫理的な意思、良心の自由を侵害することを要求す↗

録上明らかに、本件で被告が原告に要求した謝罪は行われている。ところが、被告はこれを謝罪と認めず、原告自身の言葉としての謝罪を期待し、しかも「密告を奨励するようなことをして申し訳ございませんでした」といった文言を（「密告を奨励」という事実認識を原告は共有していないにも拘わらず）復唱すべきことを反語的表現によって強く求めているが、これは当人の自律に反する言動を強制している点で、人格権侵害と言うべき強制となっている。さらに被告調査委員会が、原告が被告の期待する通りの言葉を原告自身の言葉として発しなかったことを「謝罪がなかった」と認識して懲戒解雇の理由としたことも、人格権およびその背後にある憲法上の「思想良心の自由」に照らしたときに権利侵害性ないし違法性を帯び、懲戒権の濫用となると考えられる。

また被告はこの場面について、謝罪が行われなかった上に特定の教員の名誉をさらに傷つける発言を行ったことを懲戒解雇の理由としているが、読み上げるよう指示された謝罪文に法的に争うべき事柄が含まれており、これをそのまま自分の言葉として発言することを控えて、その謝罪をするよう指示された事実を読み上げる、ということは、それ自体で名誉毀損を構成するものではない。少なくともその指示が業務命令としても社会的相当性の面からも正当なものであるならば、当該の指示を行った人物名を出して当該の指示を受けた事実を述べることは、相手方の社会的名誉を低下させる言論とはならないはずである。これがさらなる名誉毀損に該当するとする理解は、この指示が業務命令としてまたは社会的に見て相当とは言い難いものを含んでいた――本意見書はこの理解を採るものである――、という理解を採らなければ成立しない。

るものとは解せられない」と判示している。この論理を反対解釈するならば、名誉毀損などに伴って命じられる謝罪というものは「単に事態の真相を告白し陳謝の意を表明するに止まる」ものである限りにおいて当人の人格ないし思想良心の自由を侵害しないものと言えるのであり、「倫理的な意思、良心の自由」に踏み込んでの謝罪強制は「思想良心の自由」を――現在の判例理論であれば人格権を――侵害する、ということになる。この判例に照らせば、本件では原告の言論が名誉毀損に該当するかとうかという点については保留中であること、当該謝罪が業務命令に基づいていること等がまさにこの時点での「事態の真相」に該当する。こうした事情について発言した上で、倫理的な意思に踏み込まず「陳謝の意を表明するに止まる」謝罪を行ったことをもって、法は「謝罪」と評価するのであって、これを謝罪と認めず倫理的な意思および内心の自由に立ち入っての謝罪強制を行った被告の側に、人格権（およびその背後にある思想良心の自由）の侵害があったと言うべきである。

このように、被告調査委員会は、すでに「お詫びします」という言葉を数度も述べている原告に対し、被告の期待する謝罪の一言一句に至る復唱を学生の面前で執拗に強要したが、原告はそれには応じていない。こうした状況で原告の行った謝罪が、被告調査委員会の期待する謝罪とは異なるものであったことをもって、「謝罪は行われなかった」[94]と調査委員会が解釈したことは、法的に見て誤りである。被告調査委員会はこの結論部分のみを教授会に「事実」として報告したと思われ、原告はこの報告をもって「懲戒解雇相当」と判断されたのであるが、この判断は、判断に必要とされる基礎を欠いており無効と言わなくてはならない。

（5）小　　括

　本件解雇を決定した教授会は、学校教育法上も被告学内規則上も適法・有効に開催されたが、その議決は、判断の基礎を欠いているため無効である。以下、その理由の要点をまとめる。
　本件教授会構成員が原告の解雇を決定するに当たって、判断材料として知るべき事実およびその事実に対する評価は、以下に関する誤謬歪曲のない情報であった。

　　① 本件被告が主張する懲戒解雇および普通解雇の根拠となる事実。
　　② 事実に対する評価（違法行為に該当する、悪質である、などの評価）。
　　③ 被告の側の適正手続違反の有無、および、適正手続原則に関する基本知識。たとえば、教授会において本件解雇を決定することが、一事不再理などの法原則に抵触する内容のものとなることの知識ないし認識。

　これについて検討した結果、本意見書では、以下の結論に至った。
　(1) 適正手続事項が遵守されていたかどうかを検討した結果、まず本件懲戒解雇は、一事不再理ないし二重処罰の禁止の原則に反するため、無効である。
　(2) 次に、その他の適正手続事項が遵守されていたかどうかを検討した結果、（ア）被告による原告の授業の無断録音は、手続的適正性を大きく逸脱するもので、これをとくに正当化する特殊事情も見られないことから、懲戒の根

---

[94]　「謝罪する気がないというふうに私たち判断しますので、その旨、報告したいと思います」（甲33号証の2、23頁）、「謝罪するという気はないと理解していいですね」（甲33号証の2、31頁）との記録が記載されている。

拠として採用するべきでない事実情報である。そのため、この事実情報に基づいてなされた懲戒解雇は判断の基礎を欠いており、無効である。（イ）懲戒手続に必要な告知・聴聞が行われているとは認められない。（ウ）原告の言動が大学の業務に支障をもたらしたことにつき、サーバーのダウンについては因果関係を認めることができず、学生および保護者からの苦情があったことについては通常の業務連携であって業務に障害をもたらす行為とは認められない。

(3) 原告の授業内容や教科書の内容は、被告の建学精神ないし教育方針にとって問題があるのであれば教学事項として協議されるべき問題であって、それを経ずに懲戒解雇または普通解雇の対象とすべき根拠は見出せない。

(4) 原告の情報収集行為は、労働者としてあるいは裁判を受ける権利を保障された個人として自己の権利を守るために行った活動であるから、正当行為に該当し、懲戒該当性が阻却される。

(5) 原告の教科書の記述、大学教室内で同僚教員の氏名を出したことは、いずれも名誉毀損に該当しない。仮に大学教室内での言論が名誉毀損に当たるとすれば、その前提として、被告の無断録音や業務命令が法的な正当性ないし社会的な相当性を逸脱するものであったとの理解をとらねばならない。

(6) 本件原告は、本件教授会によって要求された謝罪を行っていると法的には言える。それにも拘わらず、本件被告は、謝罪は行われていないとの理解に基づき本件懲戒処分を決する議決を行った。

以上(1)から(6)まで確認した事実および法的評価は、本件教授会の議決において、判断の基礎となる重要事項であるにも拘わらず、本件においては、そこに欠落ないし誤謬が認められることは、所論のとおりである。したがって、本件解雇の法的根拠である本件教授会決定は、判断の基礎を欠いているものと解さざるを得ない。本件教授会決定が無効であるならば、本件解雇は無効である。

仮になんらかの理由で本件教授会決定が有効であるとの見方が採られた場合であっても、上記(1)から(6)で確認した事実および法的評価は、それ自体で本件解雇を無効と判断すべき理由となる。

したがって、本件解雇は、仮に本件教授会決定を有効と見た場合でも、適正手続違反、懲戒事由不該当および相当性を失する点で、無効である。

また、本件の手続中に生じた原告への人格権侵害については、本件解雇の有

効性の問題とは別に成立しうるものであり、被告によって行われた無断録音および教室内での謝罪強制は、人格権侵害に該当すると考えられる。

4 結論

　以上の検討を通じて得られた各論点への小結論を総合して、本件解雇に関する本意見書の結論的見解を述べる。
　懲戒解雇は、制裁としての性格を強く帯びるものであり、刑事罰に準じる不利益を課すものである。そのため、こうした処分を行う際には、使用者は、刑事手続における「法の適正手続」に準じる手続の遵守が求められる。
　この適正手続の原則を大学の組織形態にあてはめて、本件解雇において行われた手続について見ると、まず、本件解雇に係る教授会決定は、判断に必要な基礎を欠いており、無効である。また、仮に本件教授会議決の有効性の問題を措くとしても、本件解雇は適正手続の諸原則に反しているため、懲戒解雇として無効である。とくに判断の根拠となった情報の入手方法が法の要請する適正手続に反するものであった点、同じ事由につき重ねて懲罰の対象としてはならないとする一事不再理の原則に反するものであった点、名誉毀損該当性について誤認があった点、教授会が原告に要求した謝罪がなされたか否かについて誤認があった点で、この懲戒処分は無効と判断される。また、仮に不適切な教科書の使用等を理由として普通解雇がなされたと理解するならば、この理由は誤った事実認識および名誉毀損に関する誤った評価に基づいていた点で根拠を欠いているため、無効である。
　このような検討から総合すると、本件解雇は、懲戒解雇としても普通解雇としても無効と判断すべきと考える。
　人権の保障と法の支配の維持のためには、保障された権利を行使したことによって不利益を受けることはないという《法への信頼》の保護が必要である。裁判所は、具体的事件の解決や、これに伴う法解釈、利益衡量のあり方を通じて、この意味での法への信頼を維持する役割を、社会から期待されている。この観点から、本件の審理において、本意見書で検討した適正手続の諸論点につき、綿密な精査が行われることを期待する。

参考文献

赤坂幸一（2008）「法令の合憲解釈」大石眞・石川健治編『憲法の争点』（有斐閣）

阿部照哉（1976）「法律の合憲解釈とその限界」同『基本的人権の法理』（有斐閣）

荒木尚志（2016）『労働法　第3版』（有斐閣）

五十嵐清（2003）『人格権法概説』（有斐閣）

市川昭午（2004）「私学の特性と助成政策」（『大学財務経営研究』1号）

稲谷龍彦（2017）『刑事手続におけるプライバシー保護――熟議による適正手続の実現を目指して』（弘文堂）

大場　淳（2003）「国立大学法人化と教職員の身分保障」http://home.hiroshimA-u. Ac.jp/oBA/docs/chushikokuhosei20030930.pdf（最終閲覧・2018年1月3日）

奥平康弘（1988）『なぜ「表現の自由」か』（東京大学出版会）

奥平康弘（1997）『ジャーナリズムと法』（新世社）

奥平康弘（1999）『「表現の自由」を求めて』（岩波書店）

大日方信春（2011）『著作権と憲法理論』（信山社）

門田成人（1993）「過度に広汎な刑罰法規と萎縮的効果についてアメリカ合衆国における議論から（1）（2）」（『島大法学』37巻2号‐3号）

君塚正臣（2018）『司法権・憲法訴訟論　上・下』（法律文化社）

日下部真治・神谷咲希（2016）「民事訴訟において違法収集証拠の証拠能力が否定された事例」東京高等裁判所平成28年5月19日判決」（Anderson Mouri & Tomotsune, Dispute Resolution Group News Letter, 2016年8月, https://www. Amt-lAw.com/pdf/Bulletins3_pdf/160815_1.pdf 最終閲覧・2018年1月5日）

憲法的刑事手続研究会編（1997）『憲法的刑事手続』（日本評論社）

阪口正二郎（2011）「表現の自由の「優越的地位」論と厳格審査の行方」駒村圭吾・鈴木秀美編著『表現の自由Ⅰ状況へ』（尚学社）

佐藤俊二（1981）「私立大学教員の懲戒処分手続に関する判例――教員の人事・身分保障と私立大学教授会の権限」（札幌大学『経済と経営』12巻1・2号）

佐藤俊二（1982）「私立大学教員の懲戒処分手続の要件について――賞罰委員会と教授会」（札幌大学『経済と経営』13巻1・2号）

佐藤雄一郎（2007）「ミスコンダクトの調査における手続保障――アメリカ合衆国における議論の歴史から」（『生命倫理』17巻1号）

宍戸常寿（2012）「合憲・違憲の裁判の方法」戸松秀典・野坂泰司編『憲法訴訟の現状分析』（有斐閣）

杉原泰男編（2008）『新版　体系憲法事典』（青林書院）

須藤陽子（2010）「LRAの基準と比例原則」同『比例原則の現代的意義と機能』（法律文化社）

角田邦重（2014）『労働者人格権の法理』（中央大学出版部）

曽根威彦（2013）『現代社会と刑法』（成文堂）

高橋和之（2003）「「憲法上の人権」の効力は私人間に及ばない――人権の第3者効力

論における「無効力説」の再評価」(『ジュリスト』1245号)
永井憲一・中村睦男共編著(2004)『大学と法——高等教育50判例の検討を通して』(大学基準協会)
中西功治(2009)「職場におけるプライバシー侵害の特徴と使用者の事前協議義務」(『立命館法政論集』7号)
中山　勲(1976)「私企業における懲戒処分と労働者の表現の自由——罪刑法定主義、事前抑制」(『阪大法学』97-98号)
西谷　敏(2016)『労働法の基礎構造』(法律文化社)
萩原　慈(1998)『罪刑法定主義と刑法解釈』(成文堂)
花見　忠(1956)「懲戒権の法的限界」(『日本労働法学会誌』9号)
樋口陽一(1973)『近代立憲主義と現代国家』(勁草書房)
樋口陽一・佐藤幸治・中村睦男・浦部法穂(1997)『注解法律学全集(1)憲法1』(青林書院)
広中俊雄(1997)『民法解釈方法に関する12講』(有斐閣)
藤井俊夫(1981)『憲法訴訟の基礎理論』(成文堂)
藤井俊夫(1987)「過度の広汎性の理論および明確性の理論」芦部信喜編『講座　憲法訴訟』第2巻(有斐閣)
藤井俊夫(2007)『司法権と憲法訴訟』(成文堂)
松井茂記(1994)『二重の基準論』(有斐閣)
松井茂記(2013)『表現の自由と名誉毀損』(有斐閣)
松元忠士(1998)「私立大学における教員の人事紛争について」(公益財団法人日本学術協力財団『学術の動向』1998年10月号)
水町勇一郎(2016)『労働法　第6版』(有斐閣)
毛利　透(2008)『表現の自由——その公共性ともろさについて』(岩波書店)
山下順司・島田聡一郎・宍戸常寿(2013)『法解釈入門』(有斐閣)
山田哲史(2017)「ドイツにおける憲法適合的解釈の位相」(『岡山大学法学会雑誌』66巻3・4号)
山田隆司(2009)『名誉毀損——表現の自由をめぐる攻防』(岩波書店)
渡辺康行・宍戸常寿・松本和彦・工藤達郎(2016)『憲法Ⅰ基本権』(日本評論社)

第4章

「明治学院大学事件」判決の主文

東京地方裁判所

「平成28年（ワ）第41597号　地位確認等請求事件」（2016年12月28日提訴、2018年6月28日判決）

　主　文
　1　原告が被告に対して労働契約上の権利を有する地位に在ることを確認する。
　2　被告は、原告に対し、33万2,714円及びこれに対する平成28年10月23日から支払済みまで年5％の割合による金員を支払え。
　3　被告は、原告に対し、平成28年11月22日からこの判決の確定の日まで、毎月22日限り、69万8,700円及びこれに対する各支払期日の翌日から支払済みまで年5％の割合による金員を支払え。
　4　原告のその余の請求をいずれも棄却する。
　5　訴訟費用は、これを14分し、その5を原告の負担とし、その余は被告の負担とする。

　　　　　　　　　　　　　　　（裁判官　江原健志、大野眞穂子、人見和幸）

第5章

「明治学院大学事件」判決の解説

太期宗平

1 裁判（判決）の概要（東京地方裁判所平成30年6月28日判決・平成28年（ワ）第41597号地位確認等請求事件）

　結論として、被告大学がした解雇（被告は、主位的に懲戒解雇、予備的に普通解雇をした。）は、労働契約法16条の規定により、解雇権を濫用したものとして、無効であると判断した。原告（寄川条路）の労働契約上の地位確認とこれまでの賃金請求について認容した。

　また、原告は、地位確認・賃金請求に加えて、無断録音行為が教授の人格権（学問の自由）を侵害するものとして、損害賠償（慰謝料）も請求していたが、判決は、録音したのが主にガイダンス部分であるとして、棄却した。

2 解雇について

　まず、懲戒解雇について、被告は、原告の4つの行為（①無断録音に関与したと思われる教員の氏名を公開した行為、②教授会の要請に応じなかった行為など）について、就業規則の懲戒事由に該当すると主張し、原告はこれについては、被告の主張には前提事実に誤認があり、就業規則の懲戒事由に該当すらしないと主張していた。

　判決は、①無断録音に関与したと思われる教員の氏名を公開した点と②教授会の要請に応じなかった点について、原告にも落ち度があるとして、就業規則への該当性は認めた。ところが、被告が懲戒解雇を選択することは、本件録音行為に至る経緯を何ら説明していないこと、教授会の要請が原告の認識に反するような見解を表明させるものであることから、原告にも酌むべき事情があることから、相当でないと判断した。

次に、普通解雇について、被告は、過去の原告の授業における言動、履修者制限措置に対する言動やキリスト教を批判する教科書を使用していたことを普通解雇事由として主張し、原告は、普通解雇事由に該当すらしないと主張していた。

裁判所は、授業における言動は大学から排除しなければならないほど重大なものではなく、履修者制限措置に先立って原告から意見聴取がされていないこと、教科書のキリスト教主義に関する記載が風刺、批判とも解釈することができるものであるから、普通解雇事由に該当しないと判断した。

以上より、裁判所は、被告がした解雇について、いずれも解雇権を濫用した無効なものと判断した。

3 損害賠償請求について

原告は、被告が履修者数制限措置に反対していた原告に対する嫌悪感を端緒として、原告の著作物（自著）を授業で使用していたことを含む明らかな不合理な理由で本件解雇を行ったことや、原告に無断で授業の無断録音行為に及び、原告の学問的研究活動を侵害するとともに、自由な教育の機会を奪ったことによって、その人格権が侵害された旨を主張した。

一般論として、地位確認・賃金請求の他に、さらに損害賠償請求が認められるためには、地位確認・賃金請求が認められたとしてもなお慰謝されない権利侵害行為がある場合とされている。

本件では、結論として損賠賠償請求は否定し、その理由として、概要以下のように述べる。

　（1）大学側はガイダンスの内容を確認する必要性があった（原告の研究や教育の具体的な内容を把握することを目的としていない。）。そして、録音したのは、主として、ガイダンス部分であった。
　（2）録音行為は、大学の管理運営のための権限の範囲内において適法に行われた。

以上の理由から、被告が原告に告知しないまま本件録音行為を行ったことは、教育基本法上の不当な支配に当たるということはできず、原告に教授の自由が保障されていることを考慮しても、原告の学問的研究活動を侵害し、自由

な教育の機会を奪うものとして、その人格権を侵害するものであるということはできない、と判示した。

4 本判決の意義

　大学当局に反対の意見を表明した、大学教授の解雇の事案について、裁判所が大学教授に教授の自由（憲法23条）が保障されていることを重視して、解雇を無効と判断した点は評価できる。大学の組織運営に対する反対意見を表明したり、大学が標榜するキリスト教主義を批判・論評したりしただけで解雇するといった不寛容を許さないという意味があるといえる。

　しかしながら、裁判所が、憲法上保障される教授の自由について、（民事法上その侵害行為について損害賠償が認められる）人格権の一内容として認め、一般論として、大学教授に告知することなく、授業を録音することは不法行為を構成することを認めながら、本件では録音対象の大半がガイダンスであった点を重視するあまり、損害賠償請求を否定した点に不満が残る。

終　章
「明治学院大学事件」についてのよくある質問Q&A

寄川条路

Q：授業の秘密録音を告発して解雇されたのはだれですか。
A：明治学院大学教養教育センター教授（倫理学担当）です。

Q：大学は授業の秘密録音を認めているのですか。
A：裁判で秘密録音の事実を認めました。

Q：授業を盗聴・録音していたのはだれですか。
A：大学の教員と職員です。学生ではありません。

Q：授業の盗聴・録音を指示したのはだれですか。
A：副学長とセンター長です。

Q：授業を盗聴・録音していたのはなぜですか。
A：大学を批判している教員を調査するためです。

Q：録音テープを使用していたのはだれですか。
A：調査委員会です。

Q：調査委員会とは何ですか。
A：授業を調査して教員を処分するための秘密組織です。

Q：解雇の理由は何ですか。
A：懲戒解雇と普通解雇の２つがあります。

Q：懲戒解雇の理由は何ですか。
A：授業の秘密録音が行われていたことを、関与者の名前を挙げて告発したことです。

Q：普通解雇の理由は何ですか。
A：授業の内容と教科書の内容が大学の権威とキリスト教主義を批判していたことです。

Q：大学の主張はどのようなものですか。
A：録音に関与していた教員の名前を公表したから名誉毀損である。授業や教科書で大学やキリスト教を批判したから教員不適格である。

Q：教授の主張はどのようなものですか。
A：授業の盗聴や秘密録音、録音テープの無断使用は違法行為である。授業や教科書の検閲は、学問の自由、教育の自由、表現の自由の侵害である。

Q：労働審判の結果はどのようなものでしたか。
A：東京地裁：解雇は無効なので復職を勧めます。大学側：復職ではなく退職和解を希望します。教授側：退職和解ではなく復職を希望します。東京地裁：では訴訟で地位確認をしてください。

Q：訴訟の結果はどのようなものでしたか。
A：東京地裁：解雇は無効だから地位を確認する。授業の無断録音は違法といえるが、本件は講義そのものではなくガイダンス部分の録音だから違法とはいえない。

Q：裁判の資料を見ることはできますか。
A：東京地裁で閲覧できます。

- 労働審判「平成28年（労）第791号　地位確認等請求事件」（2016年10月28日申立、2016年12月8日終了）。
- 地裁訴訟「平成28年（ワ）第41597号　地位確認等請求事件」（2016年12月28日提訴、2018年6月28日判決）。

あとがき

　最後に、本書が成立した経緯について説明しておきたい。本書はもともと、編者と明治学院大学との訴訟から生まれたものである。代理人の太期宗平弁護士より、裁判所に憲法学者の意見書を提出したいとの話があったので、立憲デモクラシーの会、全国憲法研究会、憲法理論研究会に手紙を送って、意見書の作成をお願いしてみた。面識がまったくなかったにもかかわらず、大学にかかわる大事件とのことで、多くの方から意見書執筆のご承諾をいただいた。

　そこで、本件では、適任と思われる憲法学者3名にお願いした。まず、憲法学の大御所である小林節氏に、学問の自由という観点からその理念を語ってもらい、つぎに、教育法の権威である丹羽徹氏に、教育の自由という観点から強固な法理論を構築してもらい、そして、表現法について第一線で活躍している志田陽子氏に、表現の自由という観点から事件を緻密に検証してもらった。

　できあがった意見書を原告が裁判所に提出したところ、被告の明治学院大学は、原告の意見書を受理しないようにとの意見書を裁判所に提出してきたが、裁判所は、原告の意見書を受理したうえで、被告に対しても、同様の意見書を提出するよう促した。しかし、被告は何も提出しなかったので、そのまま裁判は結審してしまい、その後、裁判所から意見書の作成について尋ねられたので、その経緯をここに記すものである。

　最後に、一人だけ名前を挙げておきたい。私立大学の自由を唱え、建学の精神にもとづく独自の教育を守りながらも、「絶対的な教師の自由」を前提にするほうが、ストレートで強力な理論武装を提供できると助言をしてくれた憲法学者・西原博史氏に、この場を借りてお礼を申し上げたい。立場は異なるといえ、同じ時代に同じキャンパスで学んでいた一学徒として、氏の意思を継いで志を全うしたいと思う。

　本書の出版にあたっては、法律文化社の小西英央氏に、企画の段階から貴重な助言をいただき、たいへんお世話になった。記して感謝の意を表す。

　　2018年　秋

　　　　　　　　　　　　　　　　　　　　　　　　　　　寄川条路

■執筆者紹介（執筆順）

寄川条路（よりかわ・じょうじ）　　　　　　　　　　　　　　　　　　序章、終章
　1961年生。明治学院大学教養教育センター教授。専攻は哲学・倫理学。著書に『ヘーゲル──人と思想』（晃洋書房、2018年）、筆名（紀川しのろ）で『教養部しのろ教授の大学入門』（ナカニシヤ出版、2014年）など。

小林　節（こばやし・せつ）　　　　　　　　　　　　　　　　　　　　第1章
　1949年生。慶應義塾大学名誉教授・弁護士。専攻は憲法学。著書に『憲法の真髄』（共著、ベストセラーズ、2018年）、『女子高生が憲法学者小林節に聞いてみた。憲法ってナニ⁉』（ベストブック、2018年）など。

丹羽　徹（にわ・とおる）　　　　　　　　　　　　　　　　　　　　　第2章
　1961年生。龍谷大学法学部教授。専攻は憲法学・教育法。著書に『子どもと法』（編著、法律文化社、2016年）、『戦後法学と憲法──歴史・現状・展望』（共著、日本評論社、2012年）など。

志田陽子（しだ・ようこ）　　　　　　　　　　　　　　　　　　　　　第3章
　1961年生。武蔵野美術大学造形学部教授。専攻は憲法学・言論法。著書に『「表現の自由」の明日へ──一人ひとりのために、共存社会のために』（大月書店、2018年）、『文化戦争と憲法理論──アイデンティティの相剋と模索』（法律文化社、2006年）など。

太期宗平（だいご・そうへい）　　　　　　　　　　　　　　　　　　　第5章
　1976年生。2007年弁護士登録（60期）。ベリーベスト法律事務所パートナー弁護士。特に注力している分野は労働、会社関係訴訟、破産・民事再生手続など。

Horitsu Bunka Sha

大学における〈学問・教育・表現の自由〉を問う

2018年12月1日 初版第1刷発行

編 者　寄川条路（よりかわじょうじ）
発行者　田靡純子
発行所　株式会社 法律文化社

〒603-8053
京都市北区上賀茂岩ヶ垣内町71
電話 075(791)7131　FAX 075(721)8400
http://www.hou-bun.com/

＊乱丁など不良本がありましたら、ご連絡ください。
　送料小社負担にてお取り替えいたします。

印刷：㈱冨山房インターナショナル／製本：㈱藤沢製本
装幀：白沢　正

ISBN 978-4-589-03977-4
©2018 Joji Yorikawa Printed in Japan

JCOPY 〈㈳出版者著作権管理機構 委託出版物〉

本書の無断複写は著作権法上での例外を除き禁じられています。複写される場合は、そのつど事前に、㈳出版者著作権管理機構（電話 03-3513-6969、FAX 03-3513-6979、e-mail: info@jcopy.or.jp）の許諾を得てください。

阪口正二郎・毛利 透・愛敬浩二編
なぜ表現の自由か
―理論的視座と現況への問い―
A5判・266頁・3000円

表現の自由は、なぜ・どのように保障されるべきなのかについて憲法学の成果をふまえ考察し、理論的視座と課題を明示する。ヘイトスピーチ・報道・性表現への規制や「忘れられる権利」などの新たな課題も含め、表現の自由を取り巻く現況を考察する。

山田創平・樋口貞幸編
たたかうLGBT＆アート
―同性パートナーシップからヘイトスピーチまで、人権と表現を考えるために―
A5判・76頁・800円

セクシュアルマイノリティの人が尊厳をもって生きるために、アートがもつ、社会の支配的な文脈や価値観をずらす「技」と「術」とを学びとる。侮辱的な言葉の意味合いをクリエイティブに変化させるためのたたかいの書。

伊地知紀子・新ヶ江章友編
本当は怖い自民党改憲草案
四六判・248頁・2000円

もしも、憲法が改正されたらどのような社会になるのか?! 自民党主導による改憲が現実味をおびはじめるなか、私たちの生活にどのような影響がでるのか。7つのテーマ（章）、全体像（オピニオン）、重要ポイント（コラム）からシミュレーションする。

金 尚均著
差別表現の法的規制
―排除社会へのプレリュードとしてのヘイト・スピーチ―
A5判・272頁・5000円

社会に向けて差別・排除を扇動するヘイト・スピーチ。対策として十分とは言い難い「ヘイト・スピーチ解消法」の改正、「包括的な人種等を理由とする差別撤廃のための施策推進法」の制定を意図し、ヘイト・スピーチに対する法的規制の是非、法制根拠ならびに規制態様について検討。

丹羽 徹編
子 ど も と 法
A5判・186頁・2400円

貧困や成人年齢引き下げ動向等をふまえて、「子ども」の権利を全般的に概説。総論では子どもの権利と人権との関わりや、法律用語を解説、各論では家庭、学校、社会の各場面で子どもが出あう法の具体的あり様を論じる。

志田陽子編著
合格水準 教職のための憲法
A5判・304頁・2500円

教職課程および教員採用試験に対応した「憲法」の標準テキスト。学校現場にかかわる人権判例や教育者に必要な人権感覚にかかわる具体例を多く取り上げ、憲法概念との接点を丁寧に解説。各章末には試験対策のための「教員採用試験エクササイズ」を、随所に教育現場で役立つコラムを掲載。

―法律文化社―

表示価格は本体（税別）価格です